Siméon Kubulana Matendo

Lire la Genèse aujourd'hui-TOME I

Siméon Kubulana Matendo

Lire la Genèse aujourd'hui-TOME I
Commentaire des chapitres 1 à 28

Éditions Croix du Salut

Impressum / Mentions légales
Bibliografische Information der Deutschen Nationalbibliothek: Die Deutsche Nationalbibliothek verzeichnet diese Publikation in der Deutschen Nationalbibliografie; detaillierte bibliografische Daten sind im Internet über http://dnb.d-nb.de abrufbar.
Alle in diesem Buch genannten Marken und Produktnamen unterliegen warenzeichen-, marken- oder patentrechtlichem Schutz bzw. sind Warenzeichen oder eingetragene Warenzeichen der jeweiligen Inhaber. Die Wiedergabe von Marken, Produktnamen, Gebrauchsnamen, Handelsnamen, Warenbezeichnungen u.s.w. in diesem Werk berechtigt auch ohne besondere Kennzeichnung nicht zu der Annahme, dass solche Namen im Sinne der Warenzeichen- und Markenschutzgesetzgebung als frei zu betrachten wären und daher von jedermann benutzt werden dürften.

Information bibliographique publiée par la Deutsche Nationalbibliothek: La Deutsche Nationalbibliothek inscrit cette publication à la Deutsche Nationalbibliografie; des données bibliographiques détaillées sont disponibles sur internet à l'adresse http://dnb.d-nb.de.
Toutes marques et noms de produits mentionnés dans ce livre demeurent sous la protection des marques, des marques déposées et des brevets, et sont des marques ou des marques déposées de leurs détenteurs respectifs. L'utilisation des marques, noms de produits, noms communs, noms commerciaux, descriptions de produits, etc, même sans qu'ils soient mentionnés de façon particulière dans ce livre ne signifie en aucune façon que ces noms peuvent être utilisés sans restriction à l'égard de la législation pour la protection des marques et des marques déposées et pourraient donc être utilisés par quiconque.

Coverbild / Photo de couverture: www.ingimage.com

Verlag / Editeur:
Éditions Croix du Salut
ist ein Imprint der / est une marque déposée de
AV Akademikerverlag GmbH & Co. KG
Heinrich-Böcking-Str. 6-8, 66121 Saarbrücken, Deutschland / Allemagne
Email: info@editions-croix.com

Herstellung: siehe letzte Seite /
Impression: voir la dernière page
ISBN: 978-3-8416-9821-6

Copyright / Droit d'auteur © 2012 AV Akademikerverlag GmbH & Co. KG
Alle Rechte vorbehalten. / Tous droits réservés. Saarbrücken 2012

Siméon KUBULANA MATENDO

LIRE LA GENESE AUJOURD'HUI
Tome I
(Chapitres 1-28)

PUBLICATIONS DU CENTRE UNIVERSITAIRES PROTESTANT D'ETUDES INTERCULTURELLES - CUPEI

Préface de Sylvain KALAMBA NSAPO
Postface de Samuel VERHAEGHE

PREFACE

L'homme s'est toujours intéressé à la question des origines. *Quid, in principio*? Il lui est arrivé d'y répondre en attestant qu'il existe un Dieu unique infiniment saint, infiniment juste, infiniment bon, non réductible aux représentations humaines. Un Dieu qui a toujours été... et qui est sans fin. Il est l'Auteur de l'œuvre faramineuse de toute la création. L'Univers entier est venu à l'existence sur sa main. Seigneur des couronnes! Saint est son nom!

La Genèse est un livre fondateur qu'il convient de situer dans cette perspective. Il y est question de l'histoire du salut dont l'acte de création demeure inaugural: « *Au commencement, Dieu créa les cieux et la terre... il créa les animaux des champs, les oiseaux du ciel, les poissons de la mer, l'ensemble du système solaire... il créa l'homme et la femme à son image et selon sa ressemblance* » (Gn1-2).

Le monde créé est réputé capable de louer le Dieu Créateur (« *Les cieux chantent la gloire de Dieu...* » Ps 18,2). Il sait le faire tout seul, sans nul besoin de l'homme : « Les choses sont heureuses, conviées dans l'œuf du monde. Elles sont heureuses d'elles-mêmes, non par notre désir de les trouver heureuses ». L'homme est créé pour louer Dieu. Dieu se réjouit devant l'homme né de sa Parole : « Voilà, c'était très bon ». Et il le bénit.
Ces considérations sont dignes d'intérêt si l'on veut saisir l'enjeu de l'ouvrage du Dr. Siméon Kubulana Matendo. Au travers d'un exercice de narration qui veut rendre compte de ce que les textes bibliques disent en eux-mêmes, indépendamment d'un certain Sitz Im leben, le pasteur Siméon se livre à un commentaire autorisé de la Genèse de manière à engager le lecteur dans le monde du récit et son système des valeurs.
A cet égard, il montre, par ailleurs, à quel point la Genèse raconte aussi la gestion de la création par l'homme. Dieu a tout créé pour que l'homme soit heureux. En dépit des actes de désobéissance et de rébellion, d'une volonté de se hisser au niveau du Créateur de tout bien, Dieu ne cesse de multiplier les alliances en vue de renouer avec un peuple à la nuque rude. Ce qui pousse à dire que l'homme est faillible et ne peut avoir l'ambition d'égaler son Créateur quelles que soient ses prouesses. Sa production demeure provisoire, intérimaire et contingente. Ce point est capital. C'est à l'honneur du Pasteur Siméon Kubulana d'avoir mis en lumière les récits de la Genèse qui s'y rapportent. Ce qu'un regard rapide et superficiel ne peut percevoir.

La théologie chrétienne nous a habitués, heureusement, à le comprendre au moyen d'une articulation de la distance entre les réalisations humaines et le Royaume.

En effet, les Eglises historiques manquent de pertinence si elles n'indiquent pas du doigt - sacramentellement donc - l'Auteur de toute la création manifesté en visibilité historique en son Fils. Elles loupent l'essentiel si elles ne tendent pas vers leur terme eschatologique. L'annonciateur du Message ne peut prétendre à l'exhaustivité au sujet de la Promesse et de la Révélation. Il lui revient de penser théologiquement l'écart entre l'action humaine d'annonce et de témoignage et le Règne. Car pour le Seigneur, un seul jour est comme mille ans et mille ans comme un jour " (2 Pi 3,8). La venue du Règne dépend de la patience de Dieu qui est la forme de son action.

C'est un bonheur immense de lire l'ouvrage d'un bibliste qui sollicite une interpellation théologique dont la portée est réelle. Qu'il en soit de même si le moraliste ou le liturgiste se saisit de la publication du Pasteur Kubulana. C'est un vœu et une prière.
Ce livre n'en demeure pas moins un lieu de méditation sur la volonté du Créateur de voir les hommes et les femmes créés à son image vivre en frères et sœurs. Le lecteur pourrait passer d'émerveillement en émerveillement en tentant de comprendre le commentaire sur l'histoire de Joseph et de ses frères. Mais il ne s'agit pas de lire ce récit (ou bien d'autres) comme une pure histoire. Il importe de l'interpréter comme un récit kérygmatique, une confession de foi. Ce à quoi le Dr. Kubulana est particulièrement sensible.

L'une des richesses immenses, insondables même, des commentaires bibliques du Dr. Siméon Kubulana, c'est d'amener à s'engager dans la logique du récit biblique pour savoir ce qu'il en est de l'histoire de la création et du salut. Il faut s'approprier progressivement, dans la crainte et le tremblement, ce que la Bible raconte au sujet de l'homme, de Dieu et du cosmos. Il nous appartient d'y donner vie dans tout acte de lecture. En cela, le livre du Pasteur Kubulana est exemplaire. Aussi, offre-t-il l'occasion de prendre des distances par rapport à une approche de théologie métaphysique de Dieu et de la création dont l'effort historique ne saurait mettre dans l'ombre quelques égarements.

Dr. Kalamba Nsapo
CUPEI
Académie de la Pensée Africaine

AVANT-PROPOS

En septembre 2003 lorsque j'eus l'idée d'entreprendre une étude commentée du livre de la Genèse, je ne pouvais pas imaginer à quoi conduirait une telle entreprise sinon qu'à faire une relecture de ce livre que je n'avais jamais eu l'occasion d'approfondir jusque-là. Mais au fur et à mesure que je me mettais à travailler sur ce riche texte, je suis passé des doutes et hésitations à plus d'assurance. En même temps, chaque jour qui passait m'amenait à des découvertes très intéressantes. D'abord, parce que le livre de la Genèse a été commenté à la fois par d'éminents chercheurs, mais aussi par des modestes prédicateurs ou simples chrétiens, et même par des scientifiques de tous horizons.

Ensuite, parce que je pensais que ma contribution risquait de ne pas ajouter grand-chose au domaine du savoir. Cette appréhension m'a amené à rester humble, à reconnaître mes limites vis-à-vis d'une telle tâche. Toutefois, j'ai repris courage grâce aux contributions des étudiants en théologie, ceux qui ont suivi mes cours d'exégèse, d'Hébreu et de théologie biblique. Il s'agit spécialement de ceux de l'Université Protestante au Congo (1985-1990 / 1998-2002), de l'Université Chrétienne de Kinshasa (1998-2002), de l'Université Libre des Pays des Grands Lacs à Goma (Décembre 2004-Janvier 2005), de l'Institut Biblique et Théologie de Bochum (Allemagne, 2005 -), de l'Institut Biblique et Théologique de Dublin (Irlande, 2009-), ainsi que ceux du Centre Universitaire Protestant d'Etudes Interculturelles (Faculté de Théologie et Institut Pastoral en particulier, 2009-). Leurs contributions à travers les échanges et commentaires m'ont été d'un grand secours, et je les en remercie de tout cœur.

D'autre part, les nombreuses lectures de livres sur la Genèse, les prédications suivies ça et là m'ont aidé à rectifier le tir. J'ai reçu de nombreux encouragements des fidèles de l'Eglise Protestante Baptiste La Fraternité, et je leur suis reconnaissant. En effet, en tant que Pasteur de ladite église, j'ai eu l'occasion de prêcher à maintes reprises sur des récits de la Genèse; j'ai aussi organisé des études bibliques au cours desquelles tous pouvaient s'exprimer sur telle interprétation d'un texte donné, ou sur telle autre possibilité de le comprendre.

Cette étude ne serait jamais arrivée à terme sans la grâce et la fidélité de Dieu. Durant toutes ces années passées, j'ai appris à compter sur lui à tout instant. J'apprécie à sa juste valeur la contribution de nombreuses personnes qui m'ont soutenu d'une manière ou d'une autre. Je pense en particulier à mes collègues Samuel Ngayihembako, Lemek Kabutu Biriage, Josef Nsumbu, Jonas Bena, Aimé Matundu Lelo, Paul Dibudi Way-Way et Sylvain Kalamba.
Les uns et les autres m'ont conseillé ou lu mon manuscrit en y apportant des corrections qui m'ont été d'un grand secours.

Mes remerciements s'adressent également à ma chère épouse Déborah Kusa Ibangu pour ses encouragements tout au long de la rédaction de ce livre. Je pense également aux Pasteurs Kany wa Kany et Bruno Bareba pour m'avoir donné l'occasion de dispenser des cours de théologie à Bochum et à Dublin. A la Sœur Ursula Röthenmund, à toutes les Sœurs de la Diakonieverband / Ländli et au Professeur Paul Stadler, j'exprime toute ma reconnaissance pour leur sollicitude et leur amitié. La liste n'est pas exhaustive.

La présente étude ne prétend pas répondre à toutes les questions suscitées par le livre de Genèse, le plus important étant d'avoir osé commenter ce texte si excitant.

Dr. Siméon Kubulana Matendo

Table des matières

PREFACE 2
AVANT-PROPOS 4
INTRODUCTION 12

SECTION I : LA CREATION OU L'APPEL A L'EXISTENCE (Chap. 1-2)

Chapitre I : LA CREATION EX-NIHILO 16

1.1. La parole créatrice 19
1.2. L'homme et la femme comme gestionnaires de la création 25

Chapitre II : LE SHABBAT DE DIEU ET LE TEST DE LA GESTION 27

    2.1.   Dieu entre dans son shabbat 28
    2.2.   Eden ou le paradis confié à l'homme 29
    2.3.   La côte de l'homme 32

SECTION II: LA CHUTE DE L'HOMME ET SES CONSEQUENCES (Chap. 3-4) 34

Chapitre 3 : TOUS A LA BARRE ! 34

3.1. L'irresponsabilité de l'homme 34
3.2. Sanctions-jugement de Dieu 39
3.3. Chassés du jardin 41

Chapitre 4 : NES SOUS LA CONDAMNATION 42

4.1. Caïn, où est Abel, ton frère ? 43
4.2. Le signe distinctif de Caïn 45
4.3. Les autres descendants d'Adam 46

Chapitre 5 : D'ADAM A NOE (NOAH) 48

5.1. L'histoire des postérités ou les engendrements 49
5.2. Le modèle d'Hénoc 49

SECTION III : NOE ET SA POSTERITE (Chap. 6-9) 51

Chapitre 6 : DIEU VOIT LA MECHANCETE DE L'HOMME 51

6.1. Quand Dieu s'afflige en son coeur 51
6.2. « Construis-toi une arche » 54

Chapitre 7 : DISPOSITIONS POUR CONSTRUIRE L'ARCHE 55

7.1. La description du déluge 56
7.2. La porte de l'arche fermée par Dieu 57

Chapitre 8 : NOE RECOMPENSE 58

8.1. La fin du déluge 58
8.2. Reconnaissance de Noé: Les holocaustes 60

Chapitre 9 : REFAIRE LA VIE : L'ALLIANCE 61

9.1. Les clauses de l'Alliance 62
9.2. La malédiction de Canaan 63

SECTION IV : LE PEUPLEMENT DE LA TERRE (Chap. 10-11) 65

Chapitre 10 : DE NOE A ABRAM (ABRAHAM) 65

Chapitre 11 : LA TOUR DE BABEL 69

11.1. L'origine des langues et des peuples 69
11.2. Quand Dieu confond l'orgueil de l'homme 69

11.3. Les origines d'Abram 71

SECTION V : HISTOIRE D'ABRAM (ABRAHAM), Chap. 12-24 73

Chapitre 12 « LEVE-TOI, PARS D'ICI 73

12.1. Les promesses de Dieu 74
12.2. Abram se débrouille seul 76

Chapitre 13 : ABRAM ET LOT: CHOISIS OÙ TU VEUX ALLER 79

Chapitre 14 : ABRAM DEFEND LA CAUSE DE LOT 81

14.1. Malgré la séparation Abram n'abandonne pas son neveu 81
14.2. Abram rencontre Melchisedek 84

Chapitre 15 : L'ALLIANCE RENOUVELEE 85

15.1. La récompense promise 85
15.2. La foi d'Abram 87

Chapitre 16 : ABRAM, SARAÏ ET AGAR   89

16.1. Abram écoute la voix de Saraï sa femme 89
16.2. Naissance d'Ismaël 91

Chapitre 17 : LA CIRCONCISION COMME SIGNE VISIBLE DE
L'ALLIANCE 91

17.1. Confirmation de l'Alliance 91
17.2. Changement du nom d'Abram en Abraham 93
17.3. Circoncision de tous les mâles 94
17.4. Saraï devient Sara 94

Chapitre 18 : ANNONCE DE LA NAISSANCE D'ISAAC 96

18.1. Renouvellement de la promesse 97
18.2. L'intercession du Père des peuples et des nations 98

Chapitre 19 : LES VILLES IMPIES DE SODOME ET GOMORRHE 99
19.1. Lot et les envoyés de Dieu 99
19.2. Injonctions données à Lot 101
19.3. La direction de la montagne.. 102
19.4. La femme de Lot 104
19.5. Dieu se souvient d'Abraham 104

Chapitre 20 : DE PEREGRINATIONS EN PEREGRINATIONS.................. 106

20.1. Jugement d'Abimélek 106
20.2. Intercession d'Abraham 107

Chapitre 21 : NAISSANCE D'ISAAC 108

21.1. Rien n'est impossible à Dieu 109
21.2. Saut d'humeur de Sara 109
21.3. Dieu vient au secours d'Agar et d'Ismaël 110

Chapitre 22 : L'ULTIME EPREUVE 112

22.1. L'ordre de Dieu à Abraham 112
22.2. L'obéissance d'Abraham mise en exergue 113
22.3. A la montagne Dieu pourvoira ou l'Agneau pour l'holocauste............. 114

Chapitre 23: LA MORT DE SARA 117

Chapitre 24 : UNE EPOUSE POUR ISAAC.. 118

24.1. Pas de femme étrangère 118
24.2. Rebecca, une femme de qualité pour un homme selon le cœur de Dieu 120

24.3. La famille de Béthouel 122
24.4. L'ultime rencontre 125
24.5. Typologies 125

SECTION VI : HISTOIRE D'ISAAC (Chap. 25-28) 126

Chapitre 25 : LA RELEVE ASSUREE 126

25.1. Autour de la dépouille du père : Isaac et Ismaël 127
25.2. Vie d'Ismaël 128
25.3. Postérité d'Ismaël 128
25.4. Intercession d'Isaac en faveur de Rebecca (Rivca) 129
25.5. Prière de Rebecca et naissance des jumeaux 130
25.6. Le plat des lentilles 132

Chapitre 26 : RENOUVELLEMENT DE L'ALLIANCE 133

26.1. La demeure d'Isaac 134
26.2. Les habitants de Guérar 136
26.3. La confession d'Abimélek et le contrat de paix 138

Chapitre 27 : LE DROIT D'AÎNESSE 140

27.1. Quand le favoritisme produit le désarroi 140
27.2. La bénédiction inversée 142
27.3. Vengeance d'Esaü 144

Chapitre 28 : ISAAC OBLIGE DE S'INSCRIRE DANS LE PLAN DE DIEU

28.1. Soucis d'Isaac et de Rebecca 145
28.2. Le songe de Jacob 147

CONCLUSION 149
BIBLIOGRAPHIE 151
POSTFACE 155

INTRODUCTION

S'il y a dans la Bible un livre qui suscite tant de curiosité et de passion, c'est bien la Genèse. D'abord, à cause de sa position au sein du canon, mais aussi suite à son contenu qui interpelle toujours l'humain.

La Genèse est comme la porte d'entrée d'un labyrinthe. Elle oriente le voyageur vers l'intérieur de celui-ci en lui indiquant la direction à suivre grâce à ces mots affirmatifs : « *Au commencement, Dieu créa les cieux et la terre... il créa les animaux des champs, les oiseaux du ciel, les poissons de la mer, l'ensemble du système solaire... il créa l'homme et la femme à son image et selon sa ressemblance* » (cf. chap. 1-2).
Ainsi, le touriste sait qu'il entre dans un domaine dont l'Architecte est le Dieu du ciel et de la terre. Ce Dieu Créateur est d'emblée présenté comme le Sauveur, celui qui a le dernier mot au cœur de l'histoire humaine. Le texte de la Genèse le désigne - selon les grandes traditions JEDP – sous différentes appellations. Tous ces titres répondent à ses apparitions (théophanies) et ses interventions dans l'histoire trouble des hommes créés. Il est donc question dans ce livre de Dieu comme le Créateur de tout ce qui a souffle de vie, mais également de l'homme à qui a été confiée la gestion des choses créées. Dès le départ, l'homme manifeste sa finitude. Créé libre, il va au-delà de la liberté en n'obéissant pas à l'ordre de son Créateur au sujet de l'arbre de la connaissance du bien et du mal. La rupture entre le Créateur et l'humain (qui est fait de chair, *basar*) est donc consommée.

Et pour revenir à son Dieu, l'humain y va par ses propres efforts. Il cherche à vivre dans le libertinage (cf. le temps de Noé, chap. 6-8). Il se construit un univers tallé sur mesure. Ceci est bien illustré par l'érection d'une tour qui pourra témoigner de tout l'orgueil du genre humain, « une tour dont le sommet s'élève jusqu'au ciel, la demeure de Dieu » (chap. 11). Mais Dieu n'est pas accessible par l'intelligence humaine, et il ne se laisse pas impressionner par un tel projet. Voilà pourquoi il bouleverse ce type d'ouvrage, créant ainsi la confusion du langage. Dès lors, les diverses langues existent pour amener les humains de tous les temps à considérer leur finitude.

Mais la Genèse parle aussi de l'histoire humaine. Celle-ci débute avec l'appel d'Abram (qui sera plus tard appelé Abraham) qui devra quitter sa terre natale, sa parenté, les dieux familiaux... pour une destination connue de Dieu seul. Abram est un lointain descendant de Noé ; il est de la vingtième génération humaine.

L'obéissance du Patriarche d'Israël est récompensée par le Seigneur, Dieu de l'univers. Les promesses de bénédiction (12,1) précèdent la mise en marche d'Abraham, et elles témoignent de la fidélité du Dieu qui marche avec Abraham à travers ses pérégrinations.

Abraham, c'est tout un peuple issu d'un individu. C'est l'homme par qui Dieu promet de bénir toutes les familles de la terre. Le test de sa foi (Gn 22) fait de lui un homme selon le cœur de Dieu, un champion qui obéit jusqu'au bout. Il est même appelé l'ami de Dieu. Mais Abraham est surtout un humain qui a dû faire face à toutes sortes d'épreuves : - la séparation d'avec son neveu Lot suite aux disputes des serviteurs ; - le combat contre des rois puissants ; - son marchandage avec des êtres célestes, donc son intercession en faveur des villes impies de Sodome et Gomorrhe ; - son mensonge à propos de Sara sa femme qu'il dit n'être que sa sœur ; - le fait de se laisser séduire par la proposition de Sara d'aller auprès de Agar afin que s'accomplisse la promesse divine par elle ; etc. Mais au-delà de cette vie humaine se lit le projet de Dieu qui triomphe du doute. C'est dans la vieillesse que Dieu récompense le couple Abraham – Sara. Alors que Sara n'avait plus aucun espoir d'être une mère, elle va enfanter Isaac dit le fils de la promesse. Plus tard, pensant plutôt à l'héritage, c'est elle (Sara) qui demande à son mari de chasser Agar et son fils Ismaël de peur qu'il ne soit cohéritier avec Isaac.

Depuis son appel par Dieu jusqu'à sa mort (chap. 12,1 -25,11) Abraham nous est présenté à la fois comme un véritable chef de clan (il gère le conflit entre les serviteurs de son neveu Lot et les siens avec compétence), un grand guerrier lorsqu'il combat des rois puissants de Sodome et remporte la victoire sur eux (14,1-16), un grand intercesseur (18,20-33), surtout un sacrificateur et un grand adorateur de Dieu Tout Puissant (cf. 12,7-8 ; 14,18-20 ; 15,6ss ; etc.).

Alors que très peu de choses sont dites sur Ismaël (25,12-18), le texte se penche plutôt sur la personne d'Isaac. C'est lui qui est présenté comme l'héritier des promesses de Dieu faites à Abraham. Son histoire occupe les chapitres 25,19-28,9 et 37,27-29. Seulement, il bénit Jacob à la place d'Esaü son préféré, laissant ainsi ses deux fils jumeaux en situation permanente de conflits. Comme dans le cas d'Isaac et Ismaël, le récit s'étend plus sur la personne de Jacob (lui aussi considéré comme l'héritier des promesses), et moins sur Esaü qui s'est fait prendre dans le piège de la nourriture selon les sections 25,19-34 ; 26,34-35 ; 27 ; 28,6-9 ; 32,1-22 et 33,1-15 ; 36.

Quant à Jacob, en plus des sections qui parlent spécifiquement de lui (voir 25,19-34 ; 27 à 35 ;), c'est de lui qu'il est question à travers l'histoire que l'on désigne communément par « histoire de Joseph » (37 à 50). Ayant volé le droit d'aînesse à Esaü, Jacob mène une vie de pèlerin avant de fonder une famille avec les filles de son oncle Laban, Léa et Rachel. Le conflit provoqué par ses attitudes ainsi que l'enrichissement « illicite » chez Laban sont à la base d'un nouvel exode. Mais Jacob a vite fait de gérer la situation, d'abord en concluant alliance avec Laban, puis en se réconciliant avec Esaü, enfin en essayant de jouer au bon mari face à la concurrence que se font Léa et Rachel. Pourtant, Jacob est à la base du grand conflit au sein de ses propres enfants. Pour avoir cherché à favoriser Joseph, il a provoqué la haine de ses fils nés de Léa. Joseph se retrouve en territoire égyptien contre son gré. Et c'est là qu'il est rejoint par l'ensemble de la famille de son père. La saga de cette famille enfin réunie autour de Joseph en terre étrangère se termine par des paroles de bénédictions prononcées par Jacob. La mort du père, suivie par celle de Joseph, fera que les frères se sentent livrés à leur sort. Mais, la parole réconfortante de Joseph les ramène sur la voie du Dieu de l'Alliance et constitue un grand sujet de joie et d'espérance : «Je vais mourir, mais Dieu ne manquera pas d'intervenir en votre faveur et vous fera remonter de ce pays vers celui qu'il a promis par serment à Abraham, à Isaac et à Jacob » (50,24).

Cela dit, la Genèse commence et se termine par des affirmations qui font sans cesse référence à Dieu, à la fois comme le Créateur et le Sauveur. Il soutient ceux qui sont objet de son choix particulier. Voilà une lecture moins simpliste du livre de la Genèse, un livre théocentrique, mais aussi visant l'humain dans toute son humanité.

Comme méthodologie, nous étudions le livre de la Genèse dans son contexte canonique (approche synchronique)[1]. Cette approche nous aide à considérer le texte comme « canon », c'est-à-dire « norme ». Nous l'étudions en lui-même, mais aussi par rapport aux autres passages des Ecritures (y compris le Nouveau Testament) afin d'atteindre le niveau d'une herméneutique purement théologique (intertextualité du contexte canonique).Cela étant, notre but ne consiste pas à reprendre les grandes questions que l'école critique pose au texte :

---

[1] Brevard S. Childs est le pionnier de la méthode canonique. Il se donne une ligne de conduite qui consiste à reconnaître l'échec du mouvement de la théologie biblique car celui-ci ne tient pas du tout compte d'une interprétation théologique de la Bible. Pour lui, « *le Canon de l'église chrétienne est le contexte le plus approprié à partir duquel faire de la théologie biblique* ».

auteur, différences entre les noms de Dieu (avec l'hypothèse documentaire de l'ensemble du Pentateuque), doublets ; etc.[2]

Nous voulons, de manière simple, relire ce texte et l'expliquer en mettant en lumière les différents termes utilisés d'après leur contexte hébraïque. De cette manière, nous allons dégager la théologie des différents passages en vue d'une relecture de la Genèse dans l'Eglise et dans la société. C'est que nos chapitres suivent l'ordre du livre dans ses grandes lignes.

---

[2] D'éminents théologiens comme R. de VAUX, G. Von RAD, D. BARTELEMY, G.L. ARCHER... et bien d'autres développent tous ces aspects des livres du Pentateuque en général, et de la Genèse en particulier. Pour plus de détails (à titre indicatif), voir : R. de VAUX, *Histoire ancienne d'Israël : Des origines à l'installation en Canaan*, Paris, J. Gabalda et Cie, Ed., 1971 ; D. BARTELEMY, *Découvrir l'Ecriture* (Lectio Divina), Paris, Cerf, 2000; G.L. ARCHER, *Introduction à l'Ancien Testament*, 5ème Edition, 2006 ; G. von RAD, *Théologie de l'Ancien Testament*, 2 tomes, Genève, Labor & Fides, 1971/1972.

SECTION I
LA CREATION OU L'APPEL A L'EXISTENCE
(Chapitres 1–2)

Les deux premiers chapitres du livre de la Genèse nous entraînent au cœur même du récit de la création. Il y est question de l'appel à l'existence de la vie sur terre par le Dieu Créateur. Dès la première phrase, tout lecteur est placé devant des propos affirmatifs : « *Au commencement, Dieu créa les cieux et la terre... il créa les animaux des champs, les oiseaux du ciel, les poissons de la mer, l'ensemble du système solaire... il créa l'homme et la femme à son image et selon sa ressemblance* » (cf. chap. 1-2).

Le livre nous fait ainsi entrer dans le champ de Dieu, le Créateur, donc l'auteur de tout ce qui existe. Ainsi, comme le souligne Lydia Jaeger, « la révélation biblique ne démarre pas sur une preuve rationnelle de l'existence de Dieu. Elle ne part pas non plus de l'interrogation religieuse de l'homme, qui laisserait libre court à sa réflexion pour imaginer différentes hypothèses sur la réalité, avant d'aboutir, au final, à la conception du Dieu Créateur. Non, nous sommes placés, en ne partant de rien de préexistant, suscite l'ensemble du cosmos que nous habitons »[3].

Chapitre 1
LA CREATION EX-NIHILO

Tout débute par une déclaration solennelle qui présente Dieu comme le Créateur de l'univers visible et invisible. « *Au commencement Dieu créa les cieux et la terre* » : Ce commencement concerne la création et non le Créateur. Notre nature humaine ne saurait saisir le sens du « commencement », sauf si on se place dans le domaine de la foi. Puisque tout ce qui existe a un commencement, nous pouvons être certains que tout aura aussi une fin. Lors de l'établissement du canon biblique, il est intéressant de remarquer la place de choix accordé au livre de la Genèse. Le fait de le placer tout au début du livre sacré est tout à fait significatif[4]. Le terme « commencement » signifie « début » ou « principe ».

---

[3] L. JAEGER, *Vivre dans un monde créé*, Marne-la-Vallée, Farel, 2007, p. 7.
[4] Le terme hébreu pour désigner la Genèse est le premier mot de ce livre. $B^e re'shît$ (Au commencement). Tout le Pentateuque (les cinq premiers livres de la Bible) sont désignés par le premier mot (sauf le livre des Nombres qui utilise le cinquième mot : $B^e midbbar$ = « Dans le désert ». Ainsi : $V^e'eleh$ (Voici) désigne l'Exode ; *Vayyiqrâ'* (et il appela) désigne le Lévitique ; *'elleh hadvarîm* (ou *Hadvarîm*)= Voici les paroles (ou Les paroles, c'est-à-dire la deuxième Loi).

Dans le texte hébreu, le nom de Dieu se trouve au pluriel (אֱלֹהִים, *'Elohîm*)[5]. Il s'agit d'un nom dont la racine *'El* traduit la divinité chez les Sémites en général. Mais le Dieu de la Bible n'est pas comparable aux divinités des peuples et des nations. Son nom traduit son pouvoir, sa toute-puissance et son autorité. Il est un Dieu redoutable. D'ailleurs, cette forme plurielle se lit au singulier à travers tout le récit, et le verbe « créer » (ברא *bara'*) est à la troisième personne du singulier. Selon une certaine interprétation, il est déjà question de la Sainte Trinité dans ce texte. Ce serait dans ce sens qu'on comprendrait le récit de la création de l'être humain : « *Faisons l'homme à notre image et selon notre ressemblance* » (1,26a)[6]. Mais cette conception reste discutable. Il importe d'insister sur la manière dont le texte exprime l'unicité de Dieu.

Toutefois, ce premier verset est susceptible de dérouter ceux qui ont une opinion différente de l'origine de notre univers. Les scientifiques sont ainsi en face d'une affirmation qu'ils ne veulent ni accepter ni soutenir[7].
« Les cieux et la terre » (*'eth hashamayim v^e 'eth ha'eretz*), v.1 : הַשָּׁמַיִם *ha shamayîm* (*shamayîm*) et הָאָרֶץ *ha'arètz* (*'erètz*) désignent respectivement le firmament (demeure de puissances célestes) et le cosmos, donc le lieu habité par les humains. Et le texte précise que la terre était vide et sans forme (v.2).

On se représente un cosmos semblable à du vide, car tout au commencement la terre n'était habitée ni par des humains ni par aucune autre créature[8]. Dieu seul

---

[5] Trois explications ont guidé les exégètes au sujet de l'emploi de ce pluriel : 1° Le nom aurait eu un sens polythéiste avant de revêtir le singulier, surtout avec l'emploi du verbe au singulier. Mais vis-à-vis du contexte biblique, le monothéisme résulte d'une révélation et non d'une évolution du polythéisme ; 2° Le Dieu trinitaire : Cette interprétation ne peut se comprendre que comme un jalon de la doctrine trinitaire dans la révélation néotestamentaire ; 3° Un pluriel de majesté : Le mot est accompagné d'un verbe au singulier. De même, les adjectifs et le pronom personnel qui lui sont associés sont au singulier, ce qui fait militer en faveur de cette dernière interprétation. Cf. Ch. C. RYRIE, *ABC de théologie chrétienne*, La Maison de la Bible, 2005, p. 48-49.

[6] Dans ce dernier texte, l'Hébreu utilise le verbe «*'Asa'* » (Faire) et non « *Bara'* » (créer).

[7] De nos jours le débat entre créationnistes et évolutionnistes reste très vif. Alors que les premiers soutiennent le récit biblique, les seconds insistent sur la notion de l'évolution des espèces. La question que l'on pourrait poser aux apôtres de l'évolutionnisme serait de savoir sur quelle base sérieuse se fonde leur théorie. Mais d'autres questions sous-jacentes méritent d'être posées également : - Peut-on donner suffisamment d'arguments que l'être humain soit là par pur hasard ? - Qu'est-ce qui nous autorise de croire que l'humain provienne du singe ou du poisson et de ne pas faire confiance au récit biblique ? - Une telle évolution a-t-elle eu lieu seulement il y a autant de millions d'années ? - Qu'en sera-t-il de l'avenir de l'humanité ? - Pourquoi nos singes actuels n'ont-ils jamais évolué pour devenir des humains ? Pour plus de détails, voir L. STROBEL, *Plaidoyer pour un Dieu Créateur*, Nîmes, Ed. Vida, 2004.

[8] L'expression utilisée dans le langage courant « *tohu bohu* » provient de ce texte. Elle se réfère au grand vide. Les philosophes présocratiques ont parlé de l'élément le plus ancien comme essence de

voyait cette terre, d'où dans sa souveraineté il avait décidé de créer la vie. La « terre » est rendue par le mot hébreu ארץ *'erets*[9]. Le v.2 donne une indication intéressante : « ... *Des ténèbres couvraient la surface de la terre et le souffle de Dieu planait à la surface des eaux*».

תֹהוּ וָבֹהוּ *Tohû wa hohû* c'est le vide, ce qui est sans forme ; תְהוֹם *T^ehôm* = abîme. Paul Beauchamp examine le terme « *tohû* » en relation avec les éléments du monde matériel : « On notera donc que le *tohû* n'est point essentiellement la stérilité de la terre, qui entraînerait la faim ou la soif, mais l'absence de ce qui oriente et met en relation dans l'espace : chemins, lumière, constellations (Dieu étend le Septentrion sur le *tohû* : Jb 26,7), villes, toute trace et toute image reconnaissable. La traduction par « informe » est donc acceptable, bien que le mot soit sans valeur affective »[10]. Quant à *bohû*, nous le traduisons par « vide », comme en Jr 4,23 où l'on trouve l'expression « informe et vide », *tohû wa bohû*. Même si la terre était dans les ténèbres, Dieu faisait souffler son Esprit רוּחַ, *rûaḥ*) sur la surface des eaux. Le souffle divin consiste à magnifier la présence même du Seigneur au milieu du chaos primordial représenté par le vide. Un monde sans forme reçoit la forme que Dieu lui donne grâce à son souffle. Ceci est une préfiguration du souffle qui fera vivre l'humanité. Le « commencement » a lieu à partir du néant car tout procède de Dieu lui-même. Il est celui qui crée la vie à partir du néant. L'homme par contre, ne peut rien créer dans le vrai sens du terme ; il fabrique à partir de ce que Dieu a créé. Par exemple, l'homme utilise des matières précieuses (l'or, l'argent, le cobalt...) pour fabriquer la monnaie en pièces, les beaux bijoux, les engins roulants ou volants ; etc.

---

tout ce qui existe. Cet élément serait soit le feu (Héraclite), soit l'air (Anaximandre), soit l'eau (Thalès), soit la terre. Aujourd'hui encore, les scientifiques reviennent de plus en plus sur cette question de l'origine de l'univers. Lee STROBEL s'étonne de certaines affirmations relatives à la théorie évolutionniste de Darwin. Voici ce qu'il commente : «... j'étais fasciné par l'affirmation plus ambitieuse d'une macro-évolution – et par la sélection naturelle agissant par des variations aléatoires et qui pouvait expliquer comment des cellules primitives avaient pu, sur de longues périodes, évoluer en diverses espèces de créatures, incluant l'humain. En d'autres termes, des poissons s'étaient transformés en amphibiens, des amphibiens en reptiles, des reptiles en oiseaux et en mammifères, les êtres humains ayant le même ancêtre que les singes », *op.cit*, p. 25.

[9] Dans le texte, il porte un article : *ha'arets* (la terre) comme pour préciser qu'il s'agit bien de l'unique terre créée par Dieu. C'est sur cette terre que Dieu nous a placés et non dans l'espace.
[10] P. BEAUCHAMP, *Création et séparation : Étude exégétique du chapitre premier de la Genèse* (Lectio Divina), Paris, cerf, 2005, p.162.

Cette introduction du livre de la Genèse présente Dieu comme celui de qui procède tout ce qui existe. Il est même dit dans ce verset que l'Esprit de Dieu se mouvait au-dessus des eaux (הַמַּיִם *hammaïm / Mayîm*). Il s'agit de l'Esprit qui crée la vie (Ps 104,30 dit : « Tu envoies ton Esprit, ils sont créés ; tu renouvelles l'aspect de la terre »). L'eau est synonyme de la vie car elle rafraîchit. Comme le souligne Jean-Marc Jancovici :

« La présence de grandes masses d'eau agit comme un amortisseur des différences de température, et comme un convoyeur de chaleur entre les latitudes, permettant ainsi à la température en tout point du globe de ne pas trop s'écarter des valeurs qui sont propices à l'éclosion de la vie : même les habitants du centre de la Russie bénéficient d'un climat fortement tempéré par l'existence d'océans sur terre »[11].

L'homme devra être en mesure de magnifier le seul vrai Dieu qui appelle à l'existence à partir de rien[12]. Dès lors, avant d'aller plus loin dans le récit, il y a déjà une invitation à l'émerveillement devant ce Dieu Créateur qui n'a pas d'égal et qui ne doit pas se confondre avec les créatures car tout vient de lui et tout existe par son bon vouloir.

1.1. La parole créatrice

A partir du v.3 nous entrons dans une nouvelle dimension : celle de la parole créatrice : « *Dieu dit... et cela fut* » (cf. Ps 33,9). En Afrique et dans certaines parties du monde, la parole joue un rôle déterminant. Par elle, des parents ont soit béni soit maudit leurs enfants. Celui qui faisait la volonté de son père ou de sa mère recevait de lui ou d'elle la bénédiction. Par contre, lorsqu'on se comportait mal on s'attendait à des paroles de malédiction. Ici nous lisons que Dieu ordonne à la lumière de paraître, et elle paraît. Ce sera ainsi à travers les versets suivants. La parole (דבר *dab^{h}ar*) divine est si puissante qu'elle fait vivre ce qui n'existe pas. Notons que la première chose que Dieu crée par la Parole c'est la lumière (אוֹר *'or*). Nous comprenons qu'il s'agit de la lumière qui

---

[11] J.-M. JANCOVICI, *L'avenir climatique : Quel temps ferons-nous ?*, Paris, Seuil, 2002, p. 16.
[12] Dans le Nouveau Testament, l'apôtre Paul magnifie cette grandeur de Dieu (Rm 4,17 : « *...Il (Abraham) est notre père devant Dieu qui donne la vie aux morts, et qui appelle les choses qui ne sont point comme si elles étaient* » ; Rm 11,36a: « *C'est de lui, par lui, et pour lui que sont toutes choses* »), Version Louis SEGOND, Ed. Révisée de 1990 avec des notes de C.I. SCOFIELD.

éclairera désormais la terre (car, avons-nous vu, elle était dans les ténèbres). Dieu n'a pas voulu que ses créatures vivent dans les ténèbres[13].

Cette lumière est celle projetée par le Dieu UN ; elle n'est en rien comparable à celle du soleil, sachant d'ailleurs qu'il n'est pas encore question la création des luminaires (elle n'interviendra qu'au quatrième jour). Là où il y a la lumière, les ténèbres se dissipent. Ainsi, puisque Dieu vient de créer la lumière, la terre est éclairée ; plus de chaos désormais[14]. Selon cet ordre de la création, la lumière devra jouer un rôle important dans la vie. C'est ce que traduit le v.4s : « *Dieu vit que la lumière était bonne* », sous-entendu : « *les ténèbres étaient mauvaises* ». Comme le font remarquer L. PIROT et A. CLAMER, « des ténèbres il n'est pas dit qu'elles ont été créées ni déclarées bonnes ; si elles disparaissent à l'apparition de la lumière, c'est pour réapparaître en leur temps, et l'alternance de l'une et des autres constituera le jour et la nuit »[15].

Le Créateur lui-même nomme la lumière « jour », *yôm* יוֹם, la distinguant ainsi des ténèbres qu'il désigne par « nuit », *lay^{e}lah* לַיְלָה. Ainsi, Dieu est présenté dans ce passage comme celui qui a tout pouvoir et toute autorité même sur les choses inanimées. Il a mis de l'ordre dans la création. Comme le souligne P. Beauchamp, « la lumière appartient au cortège divin, ce qui ne suppose aucunement qu'elle soit confondue avec Dieu. Il y a une lumière de la face de Yahvé (Ps 4,7 ; 44,4 ; 89,16), une lumière de Yahvé (Is 2,5), un « éclat de Yahvé » qui est « comme la lumière », et ceci dans le contexte théophanique direct d'Ha 3,4 (le Dieu qui « illumine mes ténèbres » du Ps 18,29 est moins fondu dans le contexte théophanique, qui se limite au début du psaume). La lumière dont Dieu se revêt » (Ps 104,2) n'est pas plus une partie de lui-même que les vents ou les nuages. Il y a place pour de multiples gradations entre la lumière quasiment identifiée à la gloire et celle de Gn 1,3 qui ne dépasse en rien les choses créées »[16].

---

[13] Pour bien comprendre le sens de la Parole créatrice, nous pouvons nous référer au Ps 29 où le roi David décrit les effets que produit la voix retentissante de Dieu. D'autre part, dans le Nouveau Testament, Jésus-Christ se présente comme la lumière du monde (c'est-à-dire de la terre) ; il vient éclairer les ténèbres de notre monde (cf. Jean 8,12).

[14] Ceci veut dire que chaque fois que nous voyons la lumière, n'oublions pas Dieu qui en est le Créateur. En Europe où l'on connaît de longs mois de climat froid, les gens se rendent compte de la nécessité de la lumière comme celle du soleil (cf. v.14-19).

[15] L. PIROT & A. CLAMER, *La Sainte Bible. Un commentaire exégétique et théologique* (Texte latin et Traduction française d'après les textes originaux), Tome 1 : Genèse, Paris, Letouzey & Ané, 1953, p. 106.

[16] P. BEAUCHAMP, *op.cit*, p. 193.

D'autre part, le jour et la nuit ne doivent pas coexister ; on ne les trouvera jamais l'un à côté de l'autre. Soit il fait jour, soit il fait nuit, jamais les deux à la fois. Dans la Bible, la lumière symbolise les enfants de Dieu alors que les ténèbres représentent les péchés. Dès que paraît la lumière, les ténèbres s'évanouissent[17]. « *Il y eut un soir, il y eut un matin* » : De même que la nuit et le jour n'ont désormais rien de commun, le soir et le matin sont systématiquement opposés. Il ne peut jamais faire à la fois matin et soir, c'est l'un ou l'autre. Le matin est le moment où l'on se réveille du sommeil de la nuit et c'est l'occasion privilégiée de pouvoir louer le Créateur en contemplant son ouvrage. Quant vient le soir, il faudra penser à méditer sur les bienfaits reçus au cours de la journée afin de rendre grâces au Dieu Créateur[18].

La lumière du premier jour (יוֹם אֶחָד *yôm 'eḥad*) éclairera les jours suivants ; il est donc déterminant pour la vie sur la terre. Selon Jacques Chopineau, il faudra plutôt traduire ce verset littéralement « Jour Un » ou « Jour de Un », car au premier jour, Dieu était Un et Unique dans son monde. « *Et fut soir et fut matin : jour un* » *(v.5)*. De ce « jour », on ne peut rien dire d'autre que : ce fut le Jour de Un, le Jour de Dieu[19].

Cette interprétation est intéressante dans la mesure où elle remet le texte dans son originalité car יוֹם אֶחָד *Yôm 'Eḥad* » se traduit par « Jour Un » et non « Premier jour ». Le Jour Un est de ce fait différent des autres jours car Dieu n'est pas inclus dans l'histoire; il est au-dessus de l'histoire et il en est le Maître incontesté. Cela dit, le chiffre Un est celui du Dieu Unique. Il ne sera pas suivi d'un autre chiffre. Car le deuxième jour n'est pas appelé Jour Deux, mais

---

[17] Dans Es 9,1 il est dit : « *Le peuple qui marchait dans les ténèbres a vu une grande lumière. Sur ceux qui habitaient le pays de l'ombre, une lumière a resplendi* » (cf. Jn 8,12 ; Eph 5,8-13).
[18] Le verbe « séparer » est conjugué ici à l'inaccompli hiphil : וַיַּבְדֵּל, d'où le substantif "*habdîl*" (v.4, 6,7,14,18). "Le verbe désigne l'action de séparer en vertu d'un critère qui se révèle à peu près toujours le même, religieux. A ses 31 emplois au hiphil, on peut sans inconvénient joindre dans la classification les emplois au niphal (Nb 16,21 ; Esd 6,21 ; 9,1 ; 10,8.11.16 ; Ne 9,2 ; 10,29 ; I Ch 12,9 ;23,13). Il exprime donc une séparation entre :
- Le pur et l'impur, dans une perspective rituelle (Lv 11,47 ; 20,25 ; Ne 13,3), dans une perspective morale (le pécheur ou le péché) en Nb 16,21 ; Dt 29,20…
- Le sacré et le profane, en Lv 10,10 ; Ez 22,26 ; 42,20
- Le très Saint du Saint, en Ex 26,33 », P. BEAUCHAMP, *op.cit*, p. 235.

[19] Cf. Jacques CHOPINEAU, *Quand le texte devient parole : Anthologie de ses études bibliques offerte à J. Chopineau à l'occasion de sa retraite comme professeur d'exégèse de l'Ancien Testament*, Analecta Bruxellensia, Revue annuelle de la Faculté Universitaire de Théologie Protestante de Bruxelles, N° 6, Octobre 2001, p. 88-89.

« deuxième jour » יוֹם שֵׁנִי *yôm shénî*. Les troisième ... quatrième ... jours ne sont pas non plus désignés par « jour trois ...jour quatre ».[20]

Au deuxième jour, Dieu opère une séparation entre les eaux en sorte qu'elles ont formé une barrière les unes vis-à-vis des autres. Dans la cosmologie juive, les eaux d'en-haut (eaux supérieures) sont appelées les *shamaïm* (cieux), tandis que celles d'en bas (eaux inférieures) sont les *maïm* (eaux de mers, des fleuves, des rivières et des océans). Tout montre que Dieu ne fait aucune confusion ; au contraire il sépare ce qu'il crée et oppose ce qui doit l'être. Ici il est question de la séparation entre le ciel et la terre. De même, à travers ce qui est créé par la parole, il y a à la fin un soir suivi d'un matin, jusqu'au sixième jour. Le lecteur devra comprendre que le soir (עֶרֶב *'èrèv*) et le matin (בֹקֶר *boqèr*) ne viennent jamais au même moment[21]. Dieu met de l'ordre dans ses créatures (v. 6-8).

Le jour suivant voit l'apparition des continents. En fait, s'il faut donner une définition du continent, nous dirons que c'est l'ensemble de terres sèches et des eaux. Dieu ordonne à toutes les eaux répandues sous le ciel pour qu'elles se réunissent sur un seul point ; il demande au sol d'apparaître. Il nomme le sol, terre et les eaux, mers. Tout étant mis en place, Dieu crée les végétaux contenant des herbes avec leur semence, des arbres fruitiers selon leur espèce (v. 9-13). Dieu n'a pas voulu que la terre soit toute sèche ; il a pourvu à la survie de toutes les espèces en commençant par l'homme. Dans ces conditions, tout ce qui est susceptible de détruire la vie sur terre doit être condamné avec véhémence. Commentant cette réalité, John R. Cross affirme ceci : « Dès le début, Dieu préparait la terre pour qu'elle soit habitée. Il créait maintenant la vie végétale afin de pourvoir aux besoins physiques de l'homme : de la nourriture pour manger, de l'oxygène pour respirer et du bois pour construire »[22].

---

[20] Le troisième jour, c'est יוֹם שְׁלִישִׁי, *yôm sheʰlishî* et le quatrième jour se dit יוֹם רְבִיעִי *yôm reʰbhî'î*. Même remarque pour les autres jours. Ceci pour dire que le jour UN est tout différent des autres jours.

[21] Au v.6 la LXX ajoute « *et il en fut ainsi* » tandis que TM place cette expression à la fin du verset suivant. De même, à la fin du v.8 la LXX a lu « *Et Dieu vit que cela était bon* », une formule qui manque dans le TM, et même dans Aquila, Symmaque et Théodotion, ainsi que dans la version syriaque. D'après Dillmann (cité par A. CLAMER), « cette omission s'expliquerait par le dessein de l'auteur de n'employer que sept fois la formule d'approbation, d'autant plus que l'œuvre de séparation des eaux par le firmament ne sera définitivement réalisée qu'au troisième jour », L. PIROT & A. CLAMER, *op.cit*, p. 107.

[22] John R. CROSS, *L'homme sur le chemin d'Emmaüs*, Québec, La Bonne Semence, 2000, p.31.

Dans la suite (voir création du quatrième jour), Dieu crée des corps lumineux afin d'opérer une séparation entre le jour et la nuit[23]. Cela va aussi établir la séparation des saisons et des années. Les deux grands luminaires (אֶת-שְׁנֵי הַמְּאֹרֹת הַגְּדֹלִים, *'eth-sheney hamm'oroth haggdolîm* / le soleil et la lune) vont présider respectivement au jour et à la nuit. Mais il y a aussi les étoiles qui, avec la lune, président à la nuit. Parlant de la création du quatrième jour, tout lecteur averti pourra se poser la question de savoir quelle est la différence entre le premier jour qui voit la création de la lumière et celui-ci qui voit la création des luminaires. En fait, selon notre compréhension, la lumière de Dieu était déjà créée avant que les luminaires ne viennent concrétiser cette réalité. Ce qui est frappant dans ce passage, c'est la manière dont les grands astres sont fixés dans le ciel pour éclairer la terre. Le soleil (אֶת-הַמָּאוֹר הַגָּדֹל, *'eth-hamma'ôr haggadol*, le grand luminaire) et la lune (אֶת-הַמָּאוֹר הַקָּטֹן, *'eth-hamma'ôr haqqaton*, le petit luminaire) collaborent pour accomplir ce travail sur la terre.

Le soleil étant le centre même de la lumière, tout se meut autour de lui. Et la lune elle-même reçoit du soleil sa lumière. C'est en fait une collaboration nécessaire voulue par le Créateur afin de rendre harmonieuse la vie sur terre. Il suffit de penser aux différentes éclipses du soleil ou de la lune pour se rendre compte de l'importance de ces astres créés par Dieu pour le bien de ses créatures. «*Le soleil n'a pas plus tôt disparu à l'horizon que la lune se présente pour en recevoir les rayons et les refléter sur un monde enveloppé de ténèbres ; si, au contraire, c'est de jour qu'elle apparaît, on l'aperçoit à peine à cause de l'éclat du soleil* »[24]. Pour éviter toute confusion dans l'apparition, chaque astre a reçu de son Créateur une mission spécifique : le soleil éclaire le jour tandis que la lune et les étoiles (כּוֹכָבִים *kôkab^{h}îm*) éclairent la nuit. Dès lors, la nuit cesse d'être toute noire, surtout à la pleine lune. Quand apparaît le soleil, les cœurs se réchauffent. La joie se lit sur les visages le fait seulement de le voir briller au-dessus de nos têtes. D'ailleurs, ce n'est pas en vain que l'on cherche souvent à se rendre dans des pays où le soleil est permanent pour y passer ses vacances. Aujourd'hui, nous nous plaignons de la destruction provoquée par la couche d'ozone, ce qui commence à nous compliquer la vie. De nos jours, l'homme exploite mal la nature en la polluant avec du gaz toxique à effet de serres. Selon l'harmonie créée par Dieu, le soleil, la lune et les étoiles collaborent pour rendre

---

[23] Nous pouvons considérer les couples « jour-nuit » הַיּוֹם - הַלַּיְלָה , *yôm – lay^{e}lah* » et « lumière-ténèbres הָאוֹר - הַחֹשֶׁךְ *ha'ôr -haḥoshèk^e* » vont de pair et sont synonymes.
[24] Ch. H. MACKINTOSH, *Notes sur le livre de la Genèse*, Bienne, Ed. Bibles et littérature chrétienne, 2000, p. 5.

la vie sur terre agréable. Dans son égoïsme, l'homme ne pense pas aux autres créatures qui, pourtant, ont besoin de vivre comme lui.

La création d'animaux de toute espèce : Au cinquième jour, Dieu crée la vie marine ainsi que des oiseaux. La vie animale débute dans les mers pour s'étendre ailleurs. Quant aux monstres marins (des cétacés énormes), il s'agit d'animaux ou d'êtres géants. Mais nous n'avons aucune idée précise de ces bêtes marines ; certains ont plutôt pensé aux crocodiles תַּנִּינִם *Tannînim* ou au Léviathans[25].

Avec les oiseaux, sont aussi créées toutes les bêtes qui volent : fourmis ailées, papillons, etc. Pour la première fois, nous voyons Dieu bénir ses créatures : « *Croissez et multipliez ! Remplissez les eaux, habitants de mers ; oiseaux, multipliez sur la terre !* »[26]. Dieu ordonne que tous ces animaux se reproduisent afin de perpétuer les espèces. De nos jours, certaines espèces animales ont disparu par la faute de l'homme. Et même, celles qui ont survécu à la folie humaine méritent d'être protégées et leur environnement naturel préservé. La bénédiction divine concerne à la fois les humains et les bêtes[27]. Dieu bénit par sa parole créatrice. Il ordonne que les êtres créés aient la capacité de se reproduire pour perpétuer les espèces. Et cette reproduction n'est possible qu'entre mâle et femelle. Pour marquer l'intensité de cette action, l'auteur met le verbe *barak* (bénir) à l'inaccompli pi'el = וַיְבָרֶךְ אֹתָם *waybarèk 'ot^{h}am*, « et il les bénit » (v.28).

---

[25] Une traduction intéressante : « *Dieu créa les cétacés énormes* ». S'agit-il de fameux dinosaures qui ont fait et font encore la une de certains films d'action? C'est probable. Pour la présente traduction, voir La Bible : Edition bilingue. Texte hébraïque d'après la version massorétique (Traduction française sous la direction du Grand Rabbin Zadoc KAHN), Tome I : Le Pentateuque, Paris, Ed. Colbo, 1990.
[26] *Ibidem*
[27] Dans ce récit de la création on compte trois bénédictions, dix fois la formule « *Dieu dit* », וַיֹּאמֶר אֱלֹהִים (*wayyo'mèr 'Elohîm*). En plus on voit l'auteur sacré diviser en trois espèces les plantes et les animaux. Ainsi, « les chiffres trois et sept sont manifestement symboliques : dans les spéculations sur les nombres où se complaisent les auteurs de l'antiquité, ils sont synonymes de perfection... Ici, le chiffre qui s'impose que tout autre, et d'emblée, est le chiffre sept, qui enclot dans le cadre d'une semaine l'œuvre divine ; le but de l'auteur est évidemment de montrer dans ces mœurs de Dieu le modèle et la source des façons de faire prescrites au peuple de son choix par le précepte du repos sabbatique », R. GUELLUY, *La création* (Le Mystère chrétien), Tournai, Desclée, 1963, p. 13.

1.2. L'homme et la femme comme gestionnaires de la création

Le sixième jour, enfin, voit apparaître sur terre toutes les autres espèces d'animaux qui se meuvent sur la terre. Leur création intervient au lendemain de celle d'animaux marins. Tout est ordonné, car les eaux étaient séparées de la terre ferme. Les différents animaux se sont adaptés à leurs milieux respectifs. Ceux qui vivent dans les océans, les mers, les fleuves et les rivières ne peuvent pas s'adapter à la vie de la terre ferme. Et ceux qui vivent sur la terre ferme ne se sentent pas à leur place dans les mers et les océans.

Quand tout est mis en place, c'est alors que Dieu crée l'être humain. Cela est présenté sous forme de projet du Dieu Créateur : « *Faisons l'homme à notre image, et selon notre ressemblance* » (l'humain, c'est אָדָם *'Adam* = Homme et femme, Gn 1,27). Commentant ce verset, A Wénin dit : « ...quand Dieu se dit « faisons », c'est comme s'il se dédoublait, voyant ainsi sa propre image qu'il va reproduire. Et ce qu'il voit, c'est l'image de quelqu'un qui dit « faisons », c'est-à-dire de quelqu'un en acte de créer par la parole. Tel sera aussi l'être humain : quelqu'un capable de créer et de maîtriser son monde par la parole, à l'image de Dieu ... Comme le montre le rapprochement avec Gn 9,6, le terme *image* semble être lié à la maîtrise du monde : l'être humain est à l'image de Dieu en tant qu'il exerce seigneurie sur la terre à l'image du Dieu Seigneur de l'univers (...) Quant à la *ressemblance*, si l'on en croit le rapprochement possible avec Gn 5,1-2a, elle semble se rattacher davantage à l'aspect de fécondité et donc au caractère sexué de l'être humain. S'il en est ainsi, le fait d'être à l'image de Dieu implique aussi la *ressemblance* : si l'être humain doit maîtriser la terre, il doit d'abord la remplir et donc se multiplier, d'où la nécessité d'être « *mâle et femelle* » » (v.28)[28]. Il est dit dans la suite du récit que Dieu a béni l'homme et la femme par les mêmes paroles adressées aux animaux marins et aux oiseaux du ciel : « *Soyez féconds et prolifiques, remplissez la terre et assujettissez-la* ». פְּרוּ *p^{e}roû* : Le sens de ce commandement est plutôt : « Fructifiez » ! L'homme est appelé à fructifier la vie car elle est un don de Dieu, il est appelé à continuer l'œuvre de la création, également par la procréation.

רְבוּ, *r^{e}b^{h}oû* « Multipliez » (soyez prolifiques !) : Les fruits reçus doivent être multipliés dans le but de créer l'abondance. L'homme est donc appelé à donner la vie et à la maintenir. C'est dans ce sens qu'abonde A. Chouraqui lorsqu'il

---

[28] A. WENIN, *Actualité des mythes : Relire les récits mythiques de Genèse 1-11*, CEFOC, 2001, p. 97-98.

commente ces expressions : « *L'homme, appelé ainsi à son achèvement, est institué ici maître de la création, libre de s'approprier licitement les biens et les produits de la terre. Il couronne la création jaillie de la parole d'Elohîms. Adâm (Adam) est une réplique d'Elohim : l'Adâm originel, l'être parfait sorti de la parole d'Elohîms est à la fois mâle et femelle. Le thème de l'androgyne est foncièrement lié à la vision que les Hébreux ont de l'homme et de la femme* »[29].

Dieu a donné autorité à l'homme de dominer la terre, tous les poissons de la mer, les oiseaux du ciel et toute bête qui se meut sur la terre (1,28). La domination dont il est question ici signifie la gestion, le gouvernement sur ce que Dieu a créé. « *Conséquence de la ressemblance avec Dieu, l'homme dominera sur les animaux non par la force corporelle mais par ses capacités spirituelles, cf. Ps., VIII,6 sq...* »[30]. La responsabilité est donc grande car il s'agit de bien gérer, sachant que Dieu demandera des comptes à l'homme. Il est clair qu'une mauvaise gestion de la nature et de tout ce que Dieu a créé constitue une transgression de la loi de Dieu.

Nous avons vu que de tout ce que Dieu a créé seul l'humain est doté de tout le potentiel susceptible de créer une relation de communion avec le Créateur. C'est en lui que Dieu a mis son souffle[31]. Il est dit que l'humain a été créé à l'image de Dieu (imago Dei) et selon sa ressemblance (בְּצַלְמֵנוּ‎(צלם‎, *tsèlèm* = image; כִּדְמוּתֵנוּ‎ דמות‎ *damoût* = ressemblance). En l'homme se trouve ainsi la nature même du Créateur[32]. « *A la différence des animaux, créés selon leur espèce, l'homme est créé mâle et femelle, tous deux à l'image de Dieu, les deux sexes mis sur le même plan d'où résulte l'égalité de leurs droites et leurs devoirs réciproques* »[33].
Dieu ne demandera pas de compte aux oiseaux du ciel, ni aux poissons de la mer, ni aux bêtes de champs, mais à l'homme car c'est lui qui a été créé avec toutes les facultés possibles pouvant lui permettre de bien gérer les autres créatures. En dotant ainsi l'homme d'un tel pouvoir, Dieu le prend au sérieux.

---

[29] A. CHOURAQUI, *Entête (La Genèse)*, Jean-Claude Lattes Ed., 1992, p. 49.
[30] L. PIROT & A. CLAMER, *op. cit.*, p. 113.
[31] C'est ce que précise le second récit de la création (Gn 2,7) : « *Le SEIGNEUR Dieu modela l'homme avec de la poussière prise du sol. Il insuffla dans ses narines l'haleine de vie, et l'homme devint un être vivant* » (TOB).
[32] צלם‎ (tsèlèm) veut dire « réplique ». A. CHOURAQUI traduit la partie **a** de ce verset de la manière suivante : « *Nous ferons Adâm – le Glébeux – à notre réplique, selon notre ressemblance* » (v.26), *op.cit.*, p. 48.
[33] L. PIROT & A. CLAMER, *op. cit*, p. 113.

En 1,29-30, on voit Dieu pourvoir même à la nourriture de l'homme et à celle des bêtes de la terre et des oiseaux du ciel. Rien n'est laissé au hasard ; Dieu est le pourvoyeur des besoins de ses créatures. Selon le v.31, Dieu était satisfait de tout son ouvrage : « Voilà, c'était très bon » וְהִנֵּה-טוֹב מְאֹד ,, $v^e hinnéh$-$tôv$ m^e'od.
Il n'y a donc rien à ajouter à ce que Dieu a créé car il a fait toute chose bonne. Le verbe hébreu עשה, '$asah$ (faire) a le même sens que ברא, $bara$' (créer). C'est à partir du néant que Dieu fait surgir la vie. Il ne suit pas un modèle existant, mais il fait surgir du vide des choses selon sa souveraineté. L'intelligence humaine étant très limitée, il nous est difficile de comprendre ce qui a pu se passer.

D'ailleurs, tous ces récits doivent être lus en tenant compte qu'ils sont préhistoriques (chapitres 1 – 11); ils n'appartiennent pas à l'histoire au sens moderne du terme. Dieu seul est Sujet et Témoin de la création. L'homme doit simplement reconnaître ses limites et ne pas chercher à comprendre au-delà de son intelligence très réduite et de sa raison fort limitée. Dieu n'a pas voulu que l'homme soit témoin de sa création ; il le crée en dernier et lui confie la responsabilité sur ce que LUI seul (Dieu) a créé. Chercher à se faire soi-même un dieu, c'est pécher contre le Créateur. Notre position, c'est de rester là où Dieu nous a placés et non à chercher à aller voir ailleurs. Aujourd'hui, même si l'homme cherche à domestiquer les autres planètes et les galaxies, son intelligence s'arrêtera quelque part car il ne saura pas tout découvrir. Dieu ne veut pas qu'un homme s'octroie une gloire qui ne lui revient pas (cf. Esaïe 44).

Chapitre 2
LE SHABBAT DE DIEU ET LE TEST DE LA GESTION

Nous sommes en présence du jour de sabbat, le repos de Dieu[34]. La Loi de Moïse (cf. Ex 20,1s) insiste sur l'observance du jour de repos dans le but de sanctifier le Créateur. L'Israélite était appelé à ne jamais négliger ce jour car c'était le Jour du Seigneur Dieu. Le texte (Gn 2) précise qu'après avoir tout créé, Dieu est entré dans son repos le septième jour et qu'il a béni ce jour.

---

[34] Le terme hébreu שָׁבַּֿ ($shab^h ath$) est en rapport avec le chiffre sept $Sheveth$, qui signifie la plénitude, l'accomplissement, la perfection. C'est le jour de repos de Dieu. L'œuvre de l'homme ne fait que commencer : Adorer le Créateur, le louer, le servir simplement.

2.1. Dieu entre dans son Shabbat

Le terme « Shabbat » veut dire « cessation » de travail accompli. En lisant le v.2a, le lecteur risque de croire que Dieu a pu travailler le septième jour avant d'achever son œuvre de création. La partie b du verset donne une précision intéressante : « Il arrêta au septième jour l'œuvre qu'il avait faite ». Le sens théologique de ce terme est donc le repos de Dieu qui suggère un repos hebdomadaire de l'homme (Cf. Ex 23,12 et Dt 5,12-15). Le contexte montre que Dieu a mis fin à l'œuvre de création au sixième jour, puis « *Dieu bénit le septième jour et le proclama saint, parce qu'en ce jour il se reposa de l'œuvre entière qu'il avait produite et organisée* », v.3 (La Bible : Edition bilingue). Désormais, c'est à l'humain de travailler, en tenant compte du repos de Dieu. L'homme commence son ouvrage là où Dieu entre dans son repos. Tout est en son pouvoir; il est appelé à gérer le reste de la création.

Le v.4 reprend le contexte des origines comme pour rappeler que tout procède d'*Elohim*[35]. Il y est encore question du ciel et de la terre comme une création merveilleuse de Dieu. Le verset utilise le terme תוֹלְדוֹת, *tôlᵉdôth* qui a une forme féminin plurielle. Nous traduisons ce mot tantôt par « origine », « famille », tantôt par « généalogie » (postérité) suivant le contexte.

Les versets 4-6 ne donnent pas de détails sur la création mais font simplement un constat sur l'état dans lequel se trouvaient la terre et les cieux au commencement : pas d'arbustes des champs, pas d'herbe, car la pluie n'était pas encore tombée sur la terre. Rien donc ne pouvait pousser tant que Dieu n'avait pas encore ordonné à la pluie de tomber. En fait, l'intention théologique de l'auteur de ce passage consistait à confirmer ce qui a été dit dès le début : Dieu seul est le Maître de tout ce qui existe[36]. Puisqu'il est le Créateur de toute chose, rien ne peut se faire sans sa volonté. La pluie est un signe de bénédiction pour tout ce qui se meut sur la terre. L'auteur explique même qu'il n'y avait pas encore d'homme pour pouvoir cultiver le sol. A partir du v.7, nous lisons des détails intéressants au sujet de la création de l'homme et de la femme.

---

[35] Dans ce verset le nom de Dieu est composé : Adonaï (voir le tétragramme divin, YHWH) – Elohim : Traduction : Le Seigneur Dieu ou l'Eternel Dieu. 1ère mention du tétragramme, un texte qui fait partie de document Yahviste (d'après l'hypothèse documentaire).

[36] Au v.5, l'auteur utilise un nom composé pour désigner Dieu : Adonaï – 'Elohim (Le tétragramme divin YHWH se lit « *Adonaï* » car chez les Juifs le nom propre de Dieu ne peut jamais être lu par respect. C'est ce qu'on appelle un *Qéré perpétuel* : ce qui est écrit, c'est le *Kethib*, tandis que ce qu'il faut lire, c'est le *Qéré*).

Pour créer l'homme, Dieu utilise la poussière[37]. Le jeu de mot est tout aussi intéressant : l'homme (הָאָדָם, *ha'adam, l'homme*) est tiré du sol (הָאֲדָמָה *ha'adamah*). C'est cela la réalité de tout être humain : Tiré de la poussière (du sol), il retourne à la poussière (cf. 3,19b). Mais le plus important, c'est le souffle de Dieu mis dans l'homme afin que ce dernier devienne une âme vivante (נֶפֶשׁ חַיָּה *nèphèsh ḥayyah*). Ce souffle de vie, c'est la vie de Dieu en l'homme.

L'expression *nèphèsh ḥayyah*, « âme vivante » (ou : « principe vital ») se retrouve également évoquée lors de la création de l'humain. « *L'âme vivante attribuée aux poissons et certainement aussi aux oiseaux, dans la pensée de l'auteur, quoique non mentionnée, marque ainsi la première apparition de la vie sur la terre, car il n'en est jamais question pour les plantes (...). Poissons et oiseaux sont l'objet de la bénédiction divine en vue de leur reproduction comme le sera l'homme, tandis que pour les plantes il n'en avait pas été question* »[38].

2.2. Eden ou le paradis confié à l'homme

A partir du v.8, le texte parle du jardin de Dieu planté en Eden, le jardin des délices. L'Eternel Dieu a responsabilisé l'homme qu'il a créé à la gestion dudit jardin avec une grande diversité d'arbres (v.9). Dieu a créé des choses différentes pour qu'on l'adore en s'émerveillant de ses créatures. Au milieu du jardin se trouvait l'arbre de la connaissance du bien et du mal, mais aussi l'arbre de vie (עֵץ הַחַיִּים , *'éts haḥayyîm*)[39]. Dieu a pourvu à sa croissance afin qu'il donne son fruit en sa saison et que son feuillage ne puisse pas se flétrir (cf. Ps 1,3).

S'agissant du fleuve de Dieu, il porte quatre branches[40] qui symbolisent l'universalisme de l'œuvre créatrice de Dieu (v.10-14).

---

[37] Ceci fait penser à l'image du potier qui manie l'argile à sa guise pour donner forme au vase. « *Ne puis-je pas agir envers vous comme ce potier, maison d'Israël ? Dit l'Eternel. Voici, comme l'argile est dans la main du potier, ainsi vous êtes dans ma main, maison d'Israël !* » (Jr 18,6). Le texte hébreu utilise *'aphar min-ha'adamah* = poussière du sol (ou poussière tirée du sol).
[38] L. PIROT & A. CLAMER, *op. cit.*, p. 110.
[39] Grâce à la présence de l'arbre de vie, la mort physique n'existait pas dans ce jardin des délices. L'homme pouvait donc vivre éternellement (cf. 3,22). Selon Ap 2,7 et 22,2, les élus auront encore accès à l'arbre de vie lorsque Dieu aura fait des nouveaux cieux et une nouvelle terre.
[40] Le chiffre quatre est symbolique : Il suggère l'universalité car on parle de quatre points cardinaux. Rien n'est laissé au hasard. L'auteur situe donc le jardin paradisiaque dans un cadre universel. Les quatre branches sont nommées : 1° Pischon qui coule au pays de Havila : C'est là que se trouvent des matières précieuses telles que l'or ainsi que le bdellium et la pierre d'onyx ; 2° Guihon situé dans le pays de Cusch, c'est-à-dire l'Ethiopie (Afrique) ; 3° Hiddékel : Ancienne appellation du Tigre (voir pays de Babylone, Irak actuel) à l'Est de l'Assyrie ; 4° L'Euphrate. Les deux derniers fleuves sont

La TOB commente cet aspect en ces termes : « *L'auteur fait un intéressant effort pour situer le jardin dans le cadre géographique qu'il connaît tout en utilisant des éléments mythiques familiers à ses contemporains ... En tout cas, ces vv. représentent l'antique thème du fleuve paradisiaque fertilisant la terre entière comme le suggère le chiffre 4, symbole d'universalité (les 4 points cardinaux)* ».

Ce beau jardin d'où coule le fleuve de Dieu a été confié à l'homme pour sa gestion. Dieu donne des limites à l'homme : « *Tous les arbres du jardin, tu peux t'en nourrir ; mais l'arbre de la science du bien et du mal, tu n'en mangeras point : car, du jour où tu en mangeras, tu dois mourir* » (v. 16-17, Bible bilingue: TM). L'arbre de la connaissance du bien et du mal (וּמֵעֵץ הַדַּעַת טוֹב וָרָע) *oumé'éts hadda'ath tôv vara'*) avait pour but la mise à l'épreuve de l'humain, savoir s'il obéirait ou non à l'ordre divin. Le texte hébreu utilise un langage d'insistance : מוֹת תָּמוּת « *Môth tamoûth* » = De mort tu mourras. Ce que nous traduisons par : « *Tu mourras certainement* » ou « *tu dois mourir* ». Il n'y a donc pas une autre possibilité : si jamais l'homme désobéissait à cette interdiction, il devra s'attendre à une mort certaine.

D'après le v.18, quand Dieu défend à l'homme de toucher à l'arbre de la connaissance du bien et du mal, la femme n'est pas encore là. Ce verset parle du souci de Dieu de créer un vis-à-vis à l'homme. Dans la suite, nous lisons que le Seigneur a modelé du sol toute bête des champs et tout oiseau du ciel et qu'il les amena à l'homme afin que celui-ci leur donne un nom à chacun. C'est encore là une grande responsabilité qui va dans le sens de la gestion de toutes les autres créatures. L'homme seul est capable d'exprimer sa volonté ainsi que sa raison. Le fait de nommer tous ces animaux détermine l'emprise de l'homme sur eux. « *Aussi donner un nom supposait la connaissance de l'être qu'on désignait, en même temps qu'un droit sur cet être qu'on s'assujettissait en quelque sorte en lui imposant un nom (...) le fait pour Adam de donner leurs noms aux animaux suppose à la fois la connaissance qu'il en possède et l'autorité dont il dispose à leur endroit, ce qui en fait vraiment le roi de la création* »[41].

---

ceux de l'ancienne Mésopotamie (située entre le Tigre et l'Euphrate). On peut entendre par ces fleuves : (1) Le Haut Nil ; (2) Le bas Nil ; (3) Le Tigre ; (4) l'Euphrate.
[41] L. PIROT & A. CLAMER, *op.cit.*, p. 123.

Seulement, l'homme devra tenir compte de ses limites dans cette gestion car il a tout reçu du Créateur. Il n'a rien créé lui-même ; il doit tenir compte de sa position et remercier continuellement Dieu qui l'a établi sur ses créatures[42]. L'homme ne devait pas se contenter de vivre au milieu des bêtes et d'oiseaux ; il avait besoin d'un vis-à-vis. Mais ce souci était pris en compte par Dieu qui n'avait pas besoin qu'Adam lui fasse remarquer quoi que ce soit. Dieu a pris les devants car il avait déjà fait le constat : « *Il n'est pas bon pour l'homme d'être seul. Je veux lui faire une aide qui lui soit accordée* » (v.18, TOB). D'après le v.21, le Seigneur Dieu a fait tomber l'homme dans une torpeur, un profond sommeil dont on ne se réveille pas facilement. A notre époque nous pouvons penser au sommeil dû à une anesthésie générale.

Au plan purement théologique, il faut dire que Dieu n'a pas voulu que l'homme soit pour quelque chose dans son œuvre de création. C'est lui seul qui crée l'homme et la femme, et l'homme n'a qu'à considérer sa position de créature[43]. Ainsi, comme le dit David BANON, « il ne s'agit pas seulement d'un somme léthargique ou anormal (*radom*), mais surtout d'un silence (*dom* racine *tardéma*) ou plus précisément d'un creux dans la masse adipeuse de l'homme, d'un retrait de son être, d'une récurrence du soi qui permettra l'apparition ou la naissance de l'autre : sa création »[44]. Seulement, l'homme ne doit pas négliger sa responsabilité de « gouverner » toutes les autres créatures. Il ne pourra réaliser cette domination que dans la mesure où il assume ses responsabilités vis-à-vis de sa femme. Il ne peut rien faire sans tenir compte de celui qu'il désigne par « os de mes os et chair de ma chair »[45]. Le chiffre deux convient donc à l'être humain : « Mâle et femelle, il les créa » זָכָר וּנְקֵבָה בָּרָא אֹתָם , *zakhar oun^{e}qéb^{h}ah bara' 'ot^{h}am* **1,27).**

---

[42] Un bel hymne se trouve dans le Ps 8,4s : « *Quand je vois tes cieux, œuvres de tes doigts, la lune et les étoiles que tu as fixées, qu'est-ce que l'homme pour que tu penses à lui ? L'être humain pour que tu t'en soucies ? Tu en as presque fait un dieu : tu le couronnes de gloire et d'éclat ; tu le fais régner sur les œuvres de tes mains ; tu as tout mis sous ses pieds : tout bétail, gros ou petit, et même les bêtes sauvages, les oiseaux du ciel, les poissons de la mer, tout ce qui court les sentiers des mers. SEIGNEUR, notre Seigneur, que ton nom est magnifique par toute la terre !* » (TOB).
[43] L'apôtre Paul magnifie l'œuvre de Dieu en ces termes : « *En effet, les perfections invisibles de Dieu, sa puissance éternelle et sa divinité, se voient comme à l'œil nu, depuis la création du monde, quand on les considère dans ses ouvrages* » (Rm 1,20).
[44] D. BANON, *La lecture infinie : Les voies de l'interprétation midrachique*, Paris, Seuil, 1987, p.221.
[45] L'expression hébraïque עֶצֶם מֵעֲצָמַי וּבָשָׂר מִבְּשָׂרִי *'etsèm mé'atsamaï oub^{h}aśar mibśarî* (Os de mes os et chair de ma chair) signifie en fait que l'homme reconnaît en la femme son essence propre, un vis-à-vis, un autre 'soi-même'. « Cette proximité du visage secoue Adam de sa torpeur, l'arrachant à l'hégémonie de son moi pour le livrer à autrui, son prochain. Autrui qu'il salue, c'est-à-dire auquel il répond – sans que, préalablement, aucune parole lui ait été adressée – et duquel, simultanément, il répond », D. BANON, *op. cit.*, p. 222.

L'être humain ne peut se concevoir que dans cette dualité : le chiffre Deux, c'est celui de l'humain car Dieu seul est Un. Ainsi, un homme qui ne tient pas compte de la femme n'est pas un être normal. Dieu savait qu'il n'était pas agréable que l'homme soit seul, car il risquait de se comparer à lui et de s'enorgueillir. Le chiffre Un n'est pas à se disputer car il est associé à Dieu et non à l'homme.

2.3. La côte de l'homme

Au plan de l'interprétation théologique, cette côte signifie que l'homme devra marcher côte à côte avec la femme. Et quand on marche de cette façon, on regarde dans la même direction pour l'épanouissement de chacun. L'homme et la femme sont appelés à être des partenaires malgré les différences physiologiques voulues par le Créateur. Ils sont créés pour marcher côte à côte. D'autre part, il n'est pas non plus question d'inverser ce que Dieu a établi. La femme ne devrait pas chercher à s'imposer au point d'écraser l'homme. Tous deux sont appelés à gérer leurs différences et regarder en direction de celui qui les a créés « à son image et selon sa ressemblance ». Dieu n'a pas pris un os du pied ni de la tête pour former la femme, mais une côte. Autrement, l'homme écraserait la femme.

Le réveil : L'homme se réveille de sa torpeur (תַּרְדֵּמָה, *Tarddémah*); il n'a pas été témoin de l'œuvre de Dieu, mais il se voit là avec un être qui lui ressemble, un chef-d'œuvre du Créateur. La dernière partie du v.22 dit que c'est Dieu lui-même qui présenta la femme à l'homme. Ceci suffit pour comprendre que l'union conjugale est une initiative de Dieu.

Nous disons que c'est même le premier mariage, celui béni par le Créateur. Voilà pourquoi l'église affirme que le mariage est une institution divine. L'homme a compris ; il accueille cette nouvelle créature qui lui ressemble et qu'il désigne par « *os de mes os et chair de ma chair* », c'est-à-dire « membre de ses membres »[46]. Celle qui est sortie de son propre corps s'appelle la femme. Nous ne savons pas comment l'homme avait si vite compris que l'être qui était devant soi était tiré de son corps. Probablement qu'il avait bien interprété les ressemblances ou que Dieu le lui avait fait comprendre afin d'attirer son attention sur la manière de traiter la femme.

---

[46] En Hébreu, l'homme c'est ʾîsh (îch) et la femme c'est îshah (îchah), ce que l'édition du TM (bilingue) traduit par « *hommesse* » (donc ce qui est de l'homme, comme l'homme).

Les v.24-25 établissent une transition vers le chapitre suivant. Pour que le mariage soit vécu sereinement, il faudra que l'homme et la femme apprennent à « quitter » leurs parents pour former une seule chair. Mais « quitter » ne veut pas dire abandonner ; il signifie que désormais les époux sont capables d'assumer leurs responsabilités sans recourir toujours à leurs parents respectifs. Ils doivent apprendre à organiser leur vie pour être heureux là où ils sont. Leur foyer marchera bien si chacun met du sien, mais non en demandant aux parents de le gérer à leur place. Autrement, ils ne sont pas en mesure de s'assumer. Ils doivent apprendre à « grandir » et à s'épanouir dans la dignité, mais ils auront toujours un devoir sacré vis-à-vis de leurs géniteurs, celui de la reconnaissance. Ils chercheront à les honorer pour que leurs jours se prolongent là où ils sont, sans idée de faire un retour à l'enfance auprès des parents (cf. Ex 20, 12). Ce qui est aussi intéressant à souligner, c'est la recherche d'harmonie au sein du couple.

L'homme et la femme sont tenus de s'aimer, se respecter, s'entraider, se faire confiance, bref créer des conditions agréables à une vie d'épanouissement mutuel. C'est de cette façon qu'ils pourront « devenir une seule chair »[47]. Ils sont sortis d'une même souche et ont intérêt à vivre en harmonie, en regardant dans la même direction[48]. Philip EVESON fait remarquer : « Le récit attire l'attention sur les ressemblances et les différences entre l'homme et la femme. Celle-ci est aussi spéciale et unique qu'Adam. Quand l'Eternel fit venir les animaux vers Adam, l'homme reconnut son unicité et sa différence avec le règne animal ; cette prise de conscience aiguise son besoin de vraie compagnie.
La création de la femme et sa présentation à l'homme s'inscrivent sur cette toile de fond. L'homme et la femme se détachent nettement du reste de la création »[49].

Enfin, le v.25 donne une précision qui se comprend mieux en lisant le récit de la chute. « *Or ils étaient tous deux nus, l'homme et sa femme, et ils n'en éprouvaient point de honte* » (TM, édition bilingue). La nudité dont il est question dans ce verset concerne avant tout le physique. L'homme et la femme n'en éprouvaient aucune honte car avant la chute, ils ne savaient même pas qu'ils étaient nus. La honte est venue plus tard, et elle peut se comprendre

---

[47] Le calcul selon lequel 1+1 = 1 n'est pas mathématiquement correct, car 1+1 = 2. L'homme et la femme se réalisent plutôt dans la multiplication : 1x1 = 1. « *Multipliez (fructifiez), remplissez la terre, et assujettissez-la* ».
[48] «*Regarder dans la même direction* », c'est faire des projets ensemble, organiser le foyer ensemble, mais aussi se tourner chaque jour vers le Créateur de qui l'homme et la femme tirent leur existence.
[49] Ph. EVESON, *La Genèse – Le livre des origines*, Europresse, 2007, p. 64.

comme le résultat du péché. Cette réalité est d'ailleurs en contraste avec 3,9 où l'homme se cache devant le Seigneur à cause de sa nudité, comme nous le verrons plus loin.

SECTION II
LA CHUTE DE L'HOMME ET SES CONSEQUENCES
(Chap. 3-11)

Jusqu'ici il a été question de l'humain vivant en harmonie dans le jardin des délices, l'Eden, en présence de Dieu. Mais le récit suivant nous met en présence de la responsabilité de l'homme vis-à-vis de son rôle de gestionnaire de la création, avec en toile de fond cette question du Créateur : « Où es-tu ? »

Chapitre 3
TOUS A LA BARRE !

Avec ce chapitre commence la réalité de la gestion de la création par l'humain. Il y est question du serpent, de l'arbre de la connaissance du bien et du mal, ainsi que de la responsabilité de l'homme et de sa femme.

Le récit commence par un constat qui conduira à saisir le rôle que va jouer le serpent : « *Or le serpent était le plus astucieux de toutes les bêtes des champs que le Seigneur Dieu avait faites* » (TOB). Le serpent (הַנָּחָשׁ *hannaḥash /Naḥash*) est un animal qui fait toujours peur. Mais tout au début, il était comme les autres bêtes des champs, probablement sans son venin. On peut comprendre cela par le fait qu'avant la chute, une véritable harmonie régnait dans le jardin entre les humains et les autres créatures[50].

3.1. L'irresponsabilité de l'homme

L'homme ne pouvait rien redouter car il pouvait même faire confiance au serpent. Cet animal était très utilisé dans la mythologie des pays comme l'Egypte où il était un signe de puissance politique et en Canaan où il était lié à la fécondité.

---

[50] Le terme utilisé pour traduire la ruse du serpent *('arûm* ou *'aroum*) signifie « nu », même terme pour parler des humains qui vont se voir nus suite à leur désobéissance (*'aroumîm*, pluriel de *'aroum*). Ce qui fait que A. CHOURAQUI ait traduit le v.1 : « *Le serpent était nu* ('aroum) », au lieu de « *Le serpent était le plus rusé* » (*'aram* = être rusé).

Dans le texte de Gn 3, le serpent joue un rôle de malin séducteur, de tentateur[51]. Etant le plus rusé de tous les animaux, il pouvait bien être au courant de l'interdiction faite par Dieu aux hommes à propos de l'arbre de la connaissance du bien et du mal. Voilà pourquoi il pose une question pour le moins curieuse : « *Est-il vrai que Dieu a dit : Vous ne mangerez rien de tous les arbres du jardin* » ? La question est posée avec tout son sens ironique. Au lieu de dire : « *Dieu vous a-t-il réellement défendu de manger de l'arbre qui est au milieu du jardin ?* », le serpent voudrait commencer par semer le doute dans le cœur de la femme : « *A-t-il réellement dit…* ». Il généralise, comme pour montrer à la femme que c'est lui seul qui se soucie de sa survie : « *Si vous ne devez rien manger, comment vivrez-vous* » ?

La réponse de la femme est plus précise par rapport à la question posée : « *Dieu nous a autorisés à manger de tous les fruits des arbres du jardin ; seulement, nous ne pouvons pas toucher au fruit de l'arbre au milieu du jardin de peur que nous ne mourrions* » (cf. v.2-3a). Une telle réponse était sans doute attendue par le serpent. Cela ne pouvait que l'encourager à passer à l'étape suivante pour montrer ses vraies intentions. Ainsi, il procède par gradation : 1° Il affirme le contraire de ce que Dieu avait dit : « *Non, vous ne mourrez pas* ». C'est comme si Dieu pouvait mentir. Le serpent avait un objectif en transformant l'évidence de la mort par une affirmation contraire. Il savait où il voulait en venir. 2° Il donne une nouvelle interprétation à la parole d'interdiction de Dieu. « *Mais Dieu sait que, du jour où vous en mangerez, vos yeux seront dessillés, et vous serez comme Dieu, connaissant le bien et le mal* » (v.5, TM, édit. bilingue). Le serpent dit une demi-vérité ; il affirme par exemple que la connaissance du bien et du mal relève du domaine de Dieu. Mais il ment sur toute la ligne lorsqu'il affirme le contraire de ce que Dieu a dit. En créant l'homme et la femme, Dieu avait pourvu à toute chose car il les a créés à son image et selon sa ressemblance. Ils n'avaient qu'à se contenter de toutes les facultés dont ils étaient pourvus au lieu de suivre un autre maître.

Malheureusement, la convoitise des yeux a fini par produire ses effets. La femme a touché à l'arbre de la connaissance du bien et du mal, donc au fruit interdit (v.6). Il est dit qu'elle a aussi donné à son mari qui était à ses côtés et que, sans poser la moindre question, lui aussi en a mangé. « Dans le récit, dit A. Wénin, la faute consiste à manger du fruit. Cela n'est peut-être pas anodin.

---

[51] Par contre, dans le Nouveau Testament Christ utilise l'image du serpent pour attirer l'attention de ses disciples sur la prudence dans la vie : « *Soyez donc prudents comme les serpents !, Mt* 10,16 ».

En effet, quelle meilleure image de la convoitise peut-on trouver que le manger ? Qu'est-ce que manger, en effet ? C'est prendre quelque chose et le détruire pour l'assimiler en soi, le faire soi. C'est exactement le mouvement de la convoitise ou de l'envie qui consiste à accaparer, à monopoliser. Et la meilleure manière d'accaparer pour soi seul ce que l'on ne veut pas partage, c'est de le détruire ... La convoitise est donc à la racine du mal et de la violence, selon le message de la Genèse »[52].

Le serpent a fait son sale boulot, puis s'est mis à l'écart en attendant la réaction du Seigneur Dieu. Dans ce récit, il représente Satan, le principe du mal. Il n'a jamais dit la vérité, et lorsqu'il parle c'est toujours dans le but de détourner les gens du bon chemin.

Commentant cette réalité, Ch. Macintoch dit ceci : « Le serpent entre sur la scène avec une question insolente, qui a pour but de jeter du doute sur la révélation divine (...). Mais il est important de remarquer le moyen employé par Satan pour ébranler la confiance d'Eve en la vérité de Dieu, et la placer sous la puissance de la 'raison' impie. Satan y parvient en ébranlant la confiance d'Eve en l'amour de Dieu et en ce que Dieu a dit ; puis en insinuant à Eve que le témoignage de Dieu n'est pas fondé sur l'amour »[53].

Comme conséquence de cette désobéissance, les yeux de l'un et de l'autre s'ouvrent et ils se rendent compte qu'ils sont nus. Or, en 2,25 il est dit que l'homme et la femme n'avaient pas honte de leur nudité. En fait, ce qui a changé, c'est qu'ils viennent de perdre la bienfaisante communion avec Dieu, et toutes les autres créatures leur deviennent hostiles désormais. La nudité symbolise l'état pitoyable dans lequel quelqu'un peut se trouver dès qu'il tourne le dos à Dieu. Cette symbolique se retrouve dans le langage prophétique où l'on voit Esaïe marcher nu et déchaussé pour plaindre l'état spirituel d'Israël (Es 20,2b, cf. Mi 1,8.11). Dans le récit de la Genèse il est avant tout question d'une nudité physique, c'est-à-dire le manque de vêtements. Voilà pourquoi le texte dit que l'homme et la femme ont cousu des feuilles de figuier pour en faire des pagnes à porter.

---

[52] A. WENIN, op.cit., p. 34. Note: Pour les chrétiens, seul Jésus a échappé à ce processus. Il a démontré à Satan que « *l'homme ne vivra pas de pain seulement, mais de toute parole qui sort de la bouche de Dieu* » (Mt 4,4, cf. Dt 8,3). Jésus n'a pas cédé à la tentation, même à celle de « *considérer son égalité avec Dieu comme une proie à arracher* » (Phil 2,6-11). Ainsi, au lieu d'accaparer, Jésus s'est vidé lui-même, à l'image d'un serviteur. Au lieu d'accaparer, « *il s'est donné en se rendant obéissant jusqu'à la mort, la mort de la croix* ». C'est ainsi qu'il révèle Dieu. Il est l'image de ce Dieu qui donne tout sans se réserver aucun privilège, sans rien garder pour lui (cf. Rm 8,32), cf. p. 35.
[53] Ch. MACINTOCH, *op. cit.*, p. 18, 20 (Inédit)

La TOB commente : « *L'homme et la femme ne découvrent que leur faiblesse et ils se cachent désormais l'un à l'autre comme ils se cacheront devant Dieu* ».

Soulignons la contradiction entre la parole du serpent (v.5) et la réalité des choses présentement. Les yeux se sont certes ouverts, mais l'homme et la femme venaient de perdre un grand privilège, celui qui faisait d'eux image et ressemblance de Dieu. Ils vont se cacher, après s'être fait des habits avec des feuilles de figuier. Puisqu'ils se voient nus, ils ne sont plus en mesure d'accepter la présence du Dieu Saint. Voilà pourquoi ils vont se cacher au milieu des arbres du jardin d'Eden. Pourtant, il est impossible à l'homme de se cacher loin de la face de Dieu car Lui voit partout, même en pleine obscurité (cf. Ps 139,7-13).

D'autre part, le récit décrit la scène en parlant de la réaction de Dieu. Le v.8 montre Dieu marchant dans le jardin comme le ferait un homme. Il s'agit ici d'un langage anthropomorphique destiné à mettre en exergue les apparitions de Dieu, ce qu'on désigne par le terme de «théophanie»[54]. Dieu pose une question à laquelle Adam et Eve s'attendaient du fait d'avoir violé l'interdit : « *Où es-tu* » ? A partir de cette question, l'homme et la femme ne pouvaient que trembler devant Dieu. En pareilles circonstances, Dieu n'est plus l'ami qui leur parlait tendrement ; il est devenu leur Juge. Il est le seul Juge mais aussi le seul témoin de la transgression du commandement « *vous n'y toucherez point* ». « *Où es-tu ?* » est une question qui devra interpeller l'être humain de tous les temps. C'est également une question que l'on peut rendre par « *Qu'as-tu fait ?* » « *Où en es-tu avec la responsabilité qui t'a été donnée ?* ».

Quant à l'homme, il répond presque laconiquement : « *J'ai entendu ta voix dans le jardin ; j'ai eu peur, parce que je suis nu, et je me suis caché* » (v.10)[55]. La deuxième question du Seigneur contient en même temps la réponse attendue (v.11).

---

[54] Le langage anthropomorphique consiste à attribuer à Dieu des fonctions humaines. Par exemple : Dieu marche sur les hauteurs, on entend ses pas dans le jardin sur le soir ; etc. Quant aux théophanies, ce sont les apparitions de Dieu à l'homme. Ces apparitions s'accompagnent de phénomènes surnaturels. Exemples : Dieu au milieu du buisson ardent (Ex 3, 1ss), Dieu dans une colonne de nuée ou dans une colonne de feu (Ex 13,21-22) ; etc.

[55] Vivre dans le péché ne peut conduire qu'au désastre. Alors qu'il est dit en 2,25 que l'homme et sa femme étaient tous deux nus, et n'en avaient point honte, la nudité après la chute devra se comprendre comme une prise de conscience de l'état de péché. L'homme pécheur ne peut résister devant la face du Dieu Saint (cf. Es 59,1ss). Toute l'histoire du salut montre que l'homme pécheur n'a pas accès à la présence de Dieu ; il lui faut quitter cet état pour pouvoir communier avec lui.

Avant même que l'homme se justifie, Dieu savait que ce dernier venait de transgresser le commandement. Les explications fournies ne suffiront pas pour établir l'innocence.

Dieu devient désormais inaccessible par l'homme. Voyons la progression d'arguments : 1° L'homme accuse sa femme de l'avoir induit en faute ; 2° La femme quant à elle, accuse le serpent d'être à la base de sa désobéissance. 3° Seul le serpent ne va pas recevoir de question.

En effet, l'accusation portée contre la femme témoigne d'un manque de maturité. Généralement, en pareilles circonstances, il n'y a qu'à assumer ses responsabilités. Mais l'homme fait ce qu'on appelle une fuite en avant. Son péché est consommé ; il ne bénéficiera d'aucune circonstance atténuante car il est aussi coupable que sa femme.
La femme, elle aussi déplace le problème ; elle accuse le serpent mais ne dit rien à propos de sa propre responsabilité. C'est aussi une fuite en avant. Dieu n'avait pas interdit au serpent de manger de l'arbre de la connaissance du bien et du mal, mais c'est aux humains qu'il s'est adressé car eux seuls sont créés à l'image de Dieu et selon sa ressemblance. Pour l'homme et sa femme, la séparation d'avec le Créateur devient une réalité dans laquelle ils doivent vivre désormais. Ils avaient pourtant bien entendu le but de l'interdiction : « *L'arbre au milieu du jardin, tu n'en mangeras point : car du jour où tu en mangeras, tu mourras à coup sûr* »[56]. Enfin, accusé par la femme d'être l'instigateur de cette désobéissance, le serpent se voit sanctionné à cause de son mensonge. Et Dieu commence par lui lorsqu'il s'agit de sanctions. v.14 : La ruse du serpent se tourne contre lui : il devra se nourrir de la poussière et mener une vie misérable en rampant[57]. Notons que « ramper » se dit pour ce qui est de la terre.
Le serpent ne pourra jamais voler ; il ne peut s'élancer dans les airs, mais il est un animal terrestre.

---

[56] : וּמֵעֵץ הַדַּעַת טוֹב וָרָע־לֹא תֹאכַל מִמֶּנּוּ כִּי בְּיוֹם אֲכָלְךָ מִמֶּנּוּ־מוֹת תָּמוּת

Oumé'éts hadda'ath thôbh wara'-lo' to'khal mimmènnou kî beyôm 'akalekha mimmènnou-môth tamouth.

[57] Notons, avec la TOB, le jeu de mots : עָרוּם *'arûm* = rusé (le serpent הַנָּחָשׁ *hannaḥash* était le plus rusé de tous les animaux). Mais suite à son comportement qui a fait pécher les humains, il devient l'animal le plus misérable : אָרוּר *'arûr*.

3.2. Les sanctions – Jugement de Dieu

Les sanctions de Dieu sont à la mesure de la grande déception causée par la désobéissance à sa parole. A chacun selon la mesure de sa responsabilité. Le premier qui se voit distribuer le « carton rouge » c'est le serpent. Il ne sera plus un animal comme les autres ; il a perdu le privilège d'être là où sont les autres créatures. Il devient un animal maudit. De plus, Dieu met une inimitié entre la descendance de la femme et celle du serpent (v.15). Le TM (Ed. bilingue) utilise le mot « haine » à la place de « inimitié ». En fait, il est anormal qu'on se fasse ami du serpent même de nos jours. Même dompté, il est toujours dangereux, et peut mordre son propriétaire. Il est d'ailleurs considéré ici comme le principe du mal, comme Satan[58].

Quant à la femme, elle aura des grossesses dans de grandes souffrances, ce qui lui rappellera toujours son péché. Dieu dit qu'il multipliera les douleurs de ses grossesses. Autre traduction : « *J'aggraverai tes labeurs et ta grossesse ; tu enfanteras avec douleur ; la passion t'attirera vers ton époux, et lui te dominera* » (TM, Ed. Bilingue). La punition subie par la femme se situe à deux niveaux : 1° les grossesses seront douloureuses : Tel est le lot de toute femme qui devra affronter une grossesse. L'enfantement est un moment crucial dans la vie de la femme[59]. Ce n'est que quand l'enfant vient au monde que la femme se réjouit. Dieu a dit à la femme que malgré toutes les douleurs de l'enfantement, ses désirs (ses pulsions instinctives) se tourneraient vers son mari qui, en conséquence dominera sur elle[60].

---

[58] Dans la tradition chrétienne, il est question de la défaite de Satan (le principe du mal). La descendance de la femme est celle d'où naîtra le Messie; et c'est lui qui écrasera la tête du serpent, même si ce dernier se permettra de lui blesser le talon. C'est donc un signe de domination du Messie sur le mal. On pourra se référer à l'événement pascal où Christ a été « blessé pour nos péchés, brisé pour nos iniquités » (cf. Es 53,5). La résurrection du Messie montre que Satan a été « écrasé » à la tête. S'il est encore capable de nuire, c'est pour chercher à se venger, mais sa tête ayant été écrasée, il n'a plus aucun pouvoir d'aller plus loin.

[59] L'apôtre Paul dit (Rm 8,22) : « *Or, nous savons que, jusqu'à ce jour, la création tout entière soupire et souffre les douleurs de l'enfantement* » (Louis Segond). Ce texte fait référence à la ruine apportée par le péché sous Adam. La seule perspective de s'en sortir, c'est de devenir une nouvelle créature (nouvelle création, cf. 2 Cor 5,17) par la foi en Christ. C'est lui qui sauve de la malédiction du péché.

[60] De nos jours, à l'heure de la technologie, on en est arrivé à faire en sorte que les accouchements se fassent avec le moins de douleurs possibles. Toutefois, la situation d'une femme en grossesse demeure à jamais un moment de dure épreuve. A titre d'exemple, on ne peut pas empêcher qu'une femme ait des contractions avant l'accouchement. En fait, malgré les progrès technologiques, il y aura toujours des situations où l'homme se sentira limité.

Selon ce verset, l'homme est le premier responsable de la vie du foyer. « *Dominer* »[61] a ici le sens de « *gouverner* », « *gérer* » et non « *écraser* » ou « *anéantir* ».

Cette punition diffère de celle infligée au serpent dont la tête sera écrasée par la descendance (le descendant) de la femme. L'homme n'a pas reçu pouvoir d'écraser la tête de la femme, mais sa descendance écrasera la tête du serpent (c'est de la domination qu'il s'agit dans ce cas). C'est en assumant pleinement ses responsabilités que l'homme gouverne[62].

Enfin, la punition infligée à l'homme (Adam)[63] est motivée par le constat suivant : « *parce que tu as écouté la voix de ta femme…* ». Cette remarque montre combien il est plus important d'écouter la voix de Dieu plutôt que celle d'un humain, fût-ce celle de sa propre femme. Le fait même d'avoir obéi à la voix de sa femme sans tenir compte de l'interdiction de Dieu est en soi un acte de désobéissance. C'est ici question de priorité ; l'homme aurait dû rappeler à sa femme l'interdiction donnée par Dieu de toucher à l'arbre de la connaissance du bien et du mal. Ne l'ayant pas fait, Adam (l'homme) a péché, au même titre que sa femme. En tant que premier responsable, il aurait dû reprocher au serpent son arrogance et interdire à sa femme de toucher à l'arbre.

Ce n'est pas en vain que le texte met en exergue le fait qu'Adam était aux côtés de sa femme lorsque le serpent tentait cette dernière (v.6b). La responsabilité de l'homme est donc engagée ; il a fait son choix, même s'il semble ne l'avoir pas fait. Ne pas faire un choix, c'est déjà choisir ; c'est une option. Dieu va maudire le sol à cause de l'homme. En conséquence, la terre elle-même lui devient hostile. L'harmonie des premiers jours se transforme en amertume. L'homme devra travailler dur pour se nourrir.

---

[61] Cf. l'expression וְהוּא יִמְשָׁל־בָּךְ $w^e hou\ yim^e shal\text{-}bakh^e$ = *et lui te dominera* (ou : « *te gouvernera* »).

[62] Selon la théologie paulinienne, Christ est le Chef de l'homme et de la femme. Son modèle consiste à « donner sa vie pour les autres ». Paul parle de la domination de l'homme comme quelqu'un qui doit être en mesure de faire comme Christ qui a aimé son Eglise et s'est livré LUI-MEME pour elle. Voilà le sens de ce verbe qui a parfois été mal interprété. Il est vrai que l'homme vient avant la femme dans le couple, mais il est aussi vrai que l'homme ne va pas sans la femme ni la femme sans l'homme (cf. Eph 5,22-31 ; Gal 3,26-29).

[63] Pour la première fois, le mot hébreu '*Adam* ne porte pas d'article, ce qui suppose un nom propre. Le but est de distinguer désormais l'homme de sa femme à travers des noms. Là où nous trouvons ce nom portant un article הָאָדָם (*Ha'Adam*), nous le traduisons par « l'homme ». Mais pour rester dans la logique du texte, '*Adam* sera traduit par Adam, c'est-à-dire l'homme portant ce nom propre (premier homme). En Hébreu, l'homme se dit '*îsh* et la femme הָאִשָּׁה '*îshah* (ici avec article).

Après toutes ses peines dans un monde qui lui sera désormais hostile, il retournera à la poussière d'où il a été tiré, donc il mourra[64]. Tout se dresse contre lui : le sol fera germer des épines et des chardons. L'être humain devra désormais se nourrir de l'herbe des champs ; son travail se transforme en un labeur pénible (*voir l'expression « c'est à la sueur de ton front que tu mangeras ton pain »,* בְּזֵעַת אַפֶּיךָ תֹּאכַל לֶחֶם, *bezé'at^h 'apèyk^{ha} to'kal lèhèm,* v.19).

Ce texte établit le principe qu'à cause de l'homme la mort est venue dans le monde. Il s'agit du péché de la désobéissance, qualifié à juste titre par les auteurs bibliques de divination (cf. 1 S 15,23). Depuis ces temps, l'être humain n'a jamais compris ce que peut provoquer la désobéissance à la parole de Dieu.

Le v.20 donne une explication supplémentaire, comme une parenthèse, sur le sens du nom de la femme. Elle s'appelle Eve (חַוָּה *Ḥavvah)*, un nom que l'auteur rapproche du verbe hébreu חיה *ḥayah* = être, vivre. Tous les humains naissant de la femme, il est tout à fait normal que la femme porte un nom qui signifie « celle qui donne la vie ». D'ailleurs, la femme ne reçoit le nom d'Eve que dans la perspective de sa première grossesse. Malgré tout ce qui s'est passé, Dieu prouve encore son amour envers ses créatures humaines. Pour les aider à mieux cacher leur nudité, Dieu va les vêtir de peau de bête. Ce qui fait penser à un sacrifice sanglant[65]. Un animal a été sacrifié pour l'habillement de l'homme et de la femme. Par ce geste, Dieu prouve une fois de plus sa miséricorde envers les pécheurs de tous les temps. Les feuilles de figuier sont remplacées par la peau de bête. Là où l'homme a cherché à résoudre son problème de nudité en se couvrant de feuilles, Dieu pourvoit à un habillement plus commode, ceci pour démontrer que malgré leur entêtement, l'homme et la femme pouvaient encore compter sur l'amour de leur Créateur.

3.3. Chassés du jardin

La punition infligée à l'homme et à sa femme va plus loin : Dieu les chasse du jardin des délices. Ayant ouvert leurs yeux après avoir mangé de l'arbre de la connaissance du bien et du mal (du bonheur et du malheur), il ne leur restait qu'à vivre éternellement.

---

[64] L'on pourra mieux comprendre le jeu de mots : אָדָם *'Adam* (humain) tiré de אֲדָמָה *'Adamah* (sol / terre). L'être humain retourne à la terre d'où il a été tiré. Pour montrer que l'homme et la femme sont tous tirés de la terre, ils retournent tous dans la terre à leur mort (la femme ne retourne pas dans l'homme dont elle est la côte).

[65] L'épître aux Hébreux souligne que sans effusion de sang, il n'y a pas de rémission de péché (Hb 9,22). L'image la plus frappante concerne le sang de Christ qui établit l'Alliance nouvelle (Hb 9,23-28 ; cf. 1 Cor 11,25 ; Mt 26,28 et //).

Dieu va les chasser du jardin de peur qu'ils soient comme des dieux. Ce qui est clair, c'est que l'homme n'était plus en mesure de communier avec Dieu, suite à sa condition pécheresse. Il y a ici une image qui montre combien l'homme s'est fait écarter de la présence de Dieu.

D'après les v.23-24, Dieu chasse les humains. Et chasser veut dire « expulser », avec des termes virulents. Lorsqu'on chasse quelqu'un, on lui indique du doit la direction qu'il doit prendre ; on ne le caresse pas. Adam et Eve sont chassés du jardin ; Dieu ne les cajole pas. Désormais, ils doivent travailler le sol « *à la sueur de leur front* ». C'est ce sol qui les accueillera à leur mort. A l'entrée du jardin, Dieu place des chérubins, des êtres célestes ayant une grande autorité. Ceux-ci agitent des épées flamboyantes (comme les hélices d'avions ou d'hélicoptères). Il n'est donc pas possible que quelqu'un se faufile au milieu des chérubins (כְּרֻבִים $k^e rub^h îm$), autrement il va mourir atrocement. L'homme est donc empêché de retourner dans le jardin par ses propres efforts.

Chapitre 4
NÉS SOUS LA CONDAMNATION

Dans sa miséricorde, Dieu s'est souvenu de ses créatures humaines. Même si à la création il avait béni Adam et Eve en leur ordonnant d'être prolifiques et de se multiplier pour remplir la terre, ce n'est qu'après avoir été chassés du jardin qu'ils vont voir s'accomplir cette promesse. Le nom donné au premier fils né du couple Adam – Eve (Caïn) signifie « acquisition ». Ce nom exprime toute une confession de foi de la femme : « *J'ai acquis un homme grâce au SEIGNEUR* » (v.1b). Quant à Abel, son nom veut dire « exaltation », « élévation ». Est-ce pour dire que le sacrifice d'Abel sera exalté (cf. les versets suivants) ? L'offrande présentée par Caïn et Abel devant le Seigneur établit déjà une nette distinction entre l'homme naturel et l'homme spirituel. Le naturel s'occupe des choses de la terre tandis que le spirituel s'élève pour regarder vers le ciel[66]. Pour qu'une offrande soit agréée de Dieu il faut de bonnes dispositions de celui qui la donne. Dieu agrée Abel et son offrande alors qu'il désapprouve Caïn et son offrande. Dieu ne méprise pas les fruits de la terre. Il voit le cœur qui donne. Caïn s'irrite de ce qu'il considère comme une injustice. Ce sentiment provoque la frustration, et celle-ci produit la jalousie.

---

[66] Symbole de l'offrande d'Abel qui s'élève vers le ciel, alors que celle de son frère aîné va tourner sur la terre.

4.1. Caïn, où est Abel ton frère ?

Ce texte établit la réalité d'une révolte. Caïn en veut à son frère Abel et se révolte contre Dieu[67]. Il conçoit du mal dans son cœur ; il est irrité. Mais le Seigneur l'interpelle avec amour: « *Pourquoi t'irrites-tu, et pourquoi ton visage est-il abattu* » ? (v.6). Sans attendre la réponse de Caïn, Dieu lui fait remarquer : « *Certainement, si tu agis bien, tu relèveras ton visage, et si tu agis mal, le péché se couche à la porte, et ses désirs se portent vers toi, mais toi, domine sur lui* » (v.7, Segond). Jusque-là, Caïn avait encore la possibilité de se repentir. Mais « Caïn est donc incapable de se maîtriser en lui l'in-humain, de devenir « le pasteur de sa propre animalité » ... Si l'on sait que ne pas agir bien, c'est se laisser dominer par la jalousie, par l'envie, on peut aller un peu plus loin et décrire ce que serait bien agir dans la situation ... l'envie ou la jalousie, c'est être heureux d'un bien que l'on possède pour soi tout seul, ou être malheureux d'un bien qu'un autre détient – ce qui est le cas de Caïn »[68]. Le Seigneur l'exhorte même en lui indiquant la seule issue possible : Dominer le péché qui est tapi à sa porte. On imagine le péché tapi à la porte de Caïn comme une bête sauvage, un fauve, qui est sur le point de s'élancer sur un animal sans défense. Interprétant cette pensée, A. WENIN dit : « La jalousie ou la convoitise est évoquée ici par l'image d'un fauve tapi, prêt à bondir et à dominer Caïn. Recourir à une telle image, c'est voir la jalousie en l'être humain comme quelque chose de puissant et de menaçant à la fois, qui relève de l'animalité en lui, donc quelque chose d'in-humain, ou au moins de non-humanisé. L'enjeu de l'affaire n'est rien moins que l'humanisation de l'homme : va-t-il écouter l'animal en lui, ou va-t-il le maîtriser en écoutant l'invitation divine ? »[69].

Dieu pouvait encore agréer le sacrifice de son cœur repentant. Mais en lieu et place d'un comportement qui prouverait son regret d'avoir présenté au Seigneur du ciel et de la terre une offrande négligeable, Caïn a cultivé un sentiment d'amertume et de jalousie. Il est passé de la colère à la dépression. C'est ce qui le pousse à commettre l'irréparable : il va demander gentiment à son frère de l'accompagner aux champs. Il savait bien ce qu'il voulait. Seulement, cette demande était astucieuse, comme la tentation de Satan.

---

[67] Symbolique de l'offrande : - Les fruits de la terre représentent quoi ?
- Les premiers-nés du troupeau et leur graisse, voilà un acte de foi. Abel donne au Seigneur ce qui a de la valeur. La grande leçon est qu'on ne devrait jamais donner à Dieu quelque chose qui ne nous a rien coûté.
[68] A. WENIN, *op.cit*, p. 49.
[69] *Ibidem*.

Abel ne pouvait pas penser un seul instant qu'il serait tué par son propre frère[70]. Le récit met en exergue le fait que Caïn est le premier meurtrier dans la Bible.

La question que l'on peut se poser est de savoir pour quel motif Caïn a tué son frère. Le comportement du frère aîné dénote l'état de notre monde aujourd'hui où l'on assassine sans raison apparente, souvent par jalousie ou par esprit de vengeance aveugle. Caïn a cédé à ses sentiments de jalousie et de haine ; il a donc choisi de mal agir alors qu'il avait la possibilité de bien agir. Il a répondu à son instinct animal. Il est comparable au fauve qui tue et déchire sa proie, à la seule différence que le fauve tue pour se nourrir alors que Caïn tue par vengeance. Le v.8 pourrait faire croire qu'il y aurait eu dialogue entre les deux frères. Le bout de phrase « *Caïn dit à Abel, son frère* » n'est pas complet. Dans l'état de colère où était Caïn, il n'a pas pu adresser une parole à son frère. Autrement ce dernier aurait eu toutes les raisons de le soupçonner d'un complot machiavélique, et de ne pas pouvoir l'accompagner aux champs. Dieu interpelle Caïn de la même manière qu'il avait interpellé Adam : « *Où est ton frère* » (voir la question : « *Où es-tu?* »). Cette question peut être posée d'une autre manière : « *Qu'as-tu fait de ton frère ?* »[71]. Mais la réponse de Caïn à la question de Dieu montre combien il était arrogant : « *Je ne sais pas. Suis-je le gardien de mon frère* » ? Pour Dieu, c'est clair : Caïn devait savoir qu'il était bien le gardien de son frère[72] ; c'est cela une grande responsabilité qui lui incombait. Il ne peut s'en échapper sous prétexte qu'il ne devrait pas veiller sur Abel à chaque instant. Seulement, il répond négativement à une question dont il connaît déjà la réponse. Caïn sait ce qui vient de se produire, mais il ment. Dans son arrogance il aggrave sa situation ; il passe du meurtre au mensonge. Un péché en appelle un autre.

Au v.10, nous lisons la réaction du Dieu Créateur, car il sait bien ce qu'il y a dans le cœur de l'homme. Caïn pouvait mentir à lui-même, mais ne peut mentir à Dieu : « *Qu'as-tu fait ? Le cri du sang de ton frère s'élève, jusqu'à moi, de la terre* » (TM, Ed. bilingue). Le texte donne une précision intéressante concernant le sang. Il représente la vie de quelqu'un, et celui qui le verse d'une manière

---

[70] Le terme « frère », *'aḥ* (avec adjectif possessif : 'Ton frère' ; 'son frère') revient sept fois dans ce chapitre, comme pour dire qu'il s'agit d'un accomplissement [v.2, (v.8 deux fois), (v.9, deux fois), v.10 et v.11]. En tuant Abel, Caïn devait se mettre à l'esprit que c'était son frère qu'il était entrain de tuer.

[71] אָחִיךָ *'aḥîkʰa*, "ton frère" (אָח : Frère) : Du v.2 au v.11, le mot « frère » revient sept fois (chiffre de la plénitude), comme pour insister sur le fait que Caïn ne devait pas ignorer sa responsabilité vis-à-vis d'Abel son frère.

[72] Le terme hébreu pour « *gardien* » (שֹׁמֵר *shomér*) veut dire "pasteur", "protecteur"

injuste devra réparer[73]. Cela étant, Caïn reçoit ce que mérite son crime. Il s'est attiré la malédiction de Dieu. Et le jugement de Dieu ne tarde pas à venir (v. 11-12). Caïn devra se retirer de la face de Dieu ; à cause de son péché. Même le sol est maudit au point qu'il ne donnera que des ronces et des épines. Cette sanction est similaire à celle de ses parents : On ne peut communier avec Dieu tant qu'on est dans un état de péché. En plus, Caïn deviendra vagabond et errant. Il aura l'impression de faire du sur place ; il va tourner en rond (v.12).

Au v.13, nous lisons ce qui ressemble à un regret de Caïn : « *Mon crime est trop grand pour qu'on me supporte* ». Il pense à ce qui pourra lui arriver si jamais quelqu'un le rencontrait, mais il ne se repent pas. Il est plutôt rattrapé par son forfait ; il a un problème de conscience et la rupture semble consommée d'avec les siens. Il a donc atteint le point de non retour.

4.2. Le signe distinctif de Caïn

Les 15 – 16 parlent une fois de plus de la miséricorde de Dieu. Caïn ne pourra pas être tué, car quiconque oserait le faire subirait la vengeance de Dieu. Ce serait sept fois, donc toute la plénitude[74]. Comme le souligne J. Chopineau, « *dans le récit biblique de la création se trouve le modèle de la grande 'semaine' de l'histoire du monde. C'est là que se trouve la clé qui permet aux sages visionnaires de discerner les signes des temps. La fin de la grande semaine trouve son modèle dans le récit biblique du septième jour : le nombre qui joue un rôle central dans les computs des temps de la fin* »[75].

Ceci veut dire que Dieu aime le pécheur, mais il hait le péché. Il sanctionne la faute commise. Il peut même l'effacer mais il n'appelle pas le mal, bien ni le bien, mal. Personne n'a le droit de tuer Caïn car il devra porter le poids de son péché. Le meurtrier a même adressé une prière à Dieu, et le Seigneur l'a exaucé. Il n'a pensé qu'à sa propre sécurité et protection, lui qui n'a pas pu protéger son jeune frère.

---

[73] Plusieurs textes insistent sur cet aspect. Cf. par ex. Lv 17,14 sur le Code de sainteté: « *... car la vie de toute créature, c'est son sang, tant qu'elle est vie...* » ; Voir aussi Ez 24,7 ; etc.
[74] En disant que Caïn serait vengé sept fois, Dieu voulait dire qu'il le vengerait sans pitié et sans réserve.
[75] J. CHOPINEAU, « Les temps derniers : Durée symbolique et nombre-racine – Un aspect de l'usage des nombres dans la Bible », *Analecta Bruxellensia* N° 5, Revue annuelle de la F.U.T.P., p. 52.

Le signe placé par Dieu sur le front de Caïn indique que son cri de détresse a été entendu au ciel ; et il va bénéficier de la protection partout où il pourra se rendre[76]. Caïn se retire de la face du Seigneur sans avoir eu le temps d'implorer son pardon (v.16). Il s'installe dans le pays de Nod, un territoire que l'on n'a pas su identifier. Seulement, la seule indication que donne le texte concerne l'emplacement, à l'est du jardin d'Eden.

Il est possible de penser au terme נָד (*nâd*) qui signifie « vagabond », « errant » (cf. v.12b). Caïn est donc devenu un vagabond en allant habiter loin de la face de Dieu. Il n'a pensé qu'à sa propre protection, sans aucun remord suite à son crime. Voilà pourquoi il se retire de la face de Dieu, même s'il a eu un exaucement de sa requête. L'homme pécheur ne peut que se retirer car il n'est pas en mesure de communier avec le Créateur.

4.3. Les autres descendants d'Adam

La suite parle de la descendance de Caïn, fils d'Adam. Dieu lui fait grâce car il pouvait malgré tout se marier et fonder une famille. Le nom de sa femme n'est pas donné. Il s'agit d'une descendante du clan d'Adam, d'une génération lointaine. Le premier fils né de l'union de Caïn et sa femme s'appelle Hénok. Après cette naissance, Caïn construisit une ville qu'il appela du nom de son fil. Ce qui est un signe de reconnaissance et de bravoure. Dieu ne voulant pas perdre le meurtrier Caïn, lui donne encore l'occasion de se sédentariser. Cet homme va jouer un grand rôle dans l'histoire humaine. Son fils Hénok se trouve être le père d'Irad. Quant à Irad, il engendra Méhoujaël et ce dernier est le père de Lamech.
Le v.19 décrit la situation particulière de la famille de Lamech. Cet homme est présenté ici comme le premier polygame de la Bible. Il est en fait bigame, et les noms de ses femmes sont cités : Ada et Cilla. Les descendants de Lamech nés d'Ada sont présentés comme des artisans. Jabal est l'ancêtre de ceux qui habitent sous les tentes et qui conduisent les troupeaux. Habiter sous des tentes (סוכה *soukah*, סוכות *soukôt*), c'est être nomade[77]. Le nom du deuxième fils d'Ada et Lamech se nomme Jubal.

---

[76] L'on peut se référer à Ez 9,4s : « *Le Seigneur lui dit : 'Passe au milieu de la ville, au milieu de Jérusalem ; fais une marque sur le front des hommes qui gémissent et se plaignent à cause de toutes les abominations qui se commettent au milieu d'elle'* » (TOB). En Israël, la circoncision était faite sur les garçons comme signe de l'alliance avec Abraham (Gn 17,10-13). Les chrétiens portent la marque de Christ (cf. Gal 6,17), mais les impies portent la marque de la Bête (Satan, le Dragon), cf. Ap 13,11-18 ; 19,20.
[77] Dans les versets 19-20, le terme utilisé n'est pas « *soukah* » : tente, mais *'ohèl* qui est synonyme de *soukah*.

Les deux frères portent des noms qui dérivent de la même racine. Jubal est l'ancêtre des musiciens maniant la harpe et la lyre (le chalumeau). De son côté, la deuxième femme de Lamech (Cilla) enfanta Toubal-Caïn l'ancêtre des forgerons, ceux qui aiguisent le fer et le cuivre. La fille se nomme Naama. Rien n'est dit d'elle, probablement puisqu'elle n'avait pas un métier particulier. En fait, les différents métiers décrits dans ce texte mettent en exergue le passage de l'homme à une autre étape de sa vie. Ce qui était annoncé comme punition (gagner son pain à la sueur de son front) se concrétise. On observe la grâce de Dieu qui n'abandonne pas toute la descendance de Caïn.

Les v.23-24 font allusion à un meurtre commis par Lamech. Il s'agit en même temps d'un rappel du premier meurtre de l'histoire commis par son ancêtre Caïn. Lamech sera vengé 77 fois, c'est-à-dire 11x7. Le chiffre va également dans le sens de la plénitude[78]. Le meurtre commis par Lamech n'est pas connu, mais c'est lui-même qui le dévoile en donnant une prescription que quiconque le tuerait serait condamné par Dieu.

Les v.25-26 reviennent à l'histoire d'Adam et Eve avec la naissance de Seth, un nom dont le sens est donné par son explication : « *car Dieu m'a suscité une autre descendance à la place d'Abel, puisque Caïn l'a tué* »[79] (TOB). Le nom de Seth signifie dans ce contexte « remplacement ». Eve parle d'Abel qui n'a pas laissé de progéniture, contrairement à Caïn. Un tel souvenir ne peut qu'être douloureux. Mais c'est aussi une manière de remercier Dieu qui console les cœurs affligés.

Pour sa part, Seth engendra Enosh. Et le récit donne cette précision intéressante : « *C'est alors que l'on commença à invoquer le nom de l'Eternel* » (Segond). Cette note est destinée à faire comprendre les histoires qui vont suivre, surtout à partir du chapitre 6. Mais avant d'en arriver là, passons au chapitre 5 qui fera une large description des engendrements d'Adam (תוֹלְדֹת *Tôlᵉdôth*).

---

[78] Dans le NT, Jésus parle du pardon que l'on doit accorder 77 x 7 = 539, afin de mettre le comble à l'amour que l'on doit avoir les uns envers les autres (cf. Mt 18,22).
[79] La racine du nom de Seth (*Shéth* en Hébreu) signifie « suscité » (Fr. = participe passé).

Chapitre 5
D'ADAM A NOÉ (NOAḤ)

Le récit s'ouvre par une présentation solennelle de la descendance d'Adam. Tout au début, ce chapitre ressemble à une répétition du récit de la création en insistant sur la ressemblance de Dieu. C'est pourtant une précision théologique destinée à faire comprendre aux lecteurs que ce Dieu Créateur contrôle la situation de ses créatures humaines, faites à son image et selon sa ressemblance. Ce récit nous ramène à la nécessité d'une communion entre Dieu et les humains. Il n'est plus question d'animaux ni de végétaux, mais de l'homme.

Les deux premiers versets insistent également sur la bisexualité de l'homme : « *Mâle et femelle il les créa* » (זָכָר וּנְקֵבָה : *zakhar oun^{e}qéb^{h}ah*). L'être humain ne peut se concevoir, avons-nous dit, qu'en étant mâle et femelle. Le chiffre deux s'applique bien à lui, seul Dieu est UN. Ensuite, le texte dit qu'au jour de la création l'être humain portait le nom d'*Adam,* un nom qui s'applique avant tout au genre humain avant de s'appliquer à l'homme comme mâle.

Les versets suivants reprennent l'histoire de la naissance de Seth dont il était question en 4,25-26. Mais il est intéressant de remarquer que Seth est engendré à l'image et selon la ressemblance d'Adam. Ceci peut vite nous renvoyer au récit de la création où nous lisons que l'être humain est à l'image de Dieu et selon sa ressemblance. Après la naissance de Seth, Adam et sa femme Eve ont encore eu des fils et des filles dont le texte ne précise pas le nombre. La durée de la vie d'Adam (neuf cent trente ans), tout comme celle d'autres Patriarches dans la suite ne peut qu'impressionner. Seulement, rien n'est dit d'Eve.

Nous devons reconnaître que les humains de ces temps lointains vivaient longtemps, car la terre n'était pas polluée comme elle l'est aujourd'hui. On ne parle pas d'émanation de gaz à effet de serre, ni de la destruction de la couche d'ozone en ces temps lointains. L'homme moderne ne fait que détruire son environnement ; il est devenu un mauvais gestionnaire de la nature car il tient à satisfaire ses appétits égoïstes, quel qu'en soit le prix.

5.1. L'histoire des postérités ou des engendrements

La suite concerne les engendrements ainsi qu'une énumération de la durée de vie des patriarches, sans citer les matriarches. Les noms énumérés dans ces différents versets peuvent se résumer dans le tableau suivant :

Nom	Nom du père	Durée de vie
Seth	Adam	912 ans
Enosh	Seth	905 ans
Qénân	Enosh	910 ans
Mahalalel	Enosh	895 ans
Yèred	Mahalalel	962 ans
Hénok	Yèred	365 ans
Methoushèlah[80]	Hénok	969 ans
Lamek	Methoushèlah	777 ans
Noé	Lamek	500 - 950[81]

A travers l'ensemble du chapitre, deux personnages sont décrits de manière à attirer l'attention du locuteur. Il s'agit d'Hénok et de Lamek.

5.2. Le modèle d'Hénok

Le récit souligne qu'Hénok fut un modèle de foi[82]. Cette précision est donnée par l'expression « *Hénok suivit les voies de Dieu* » (v.22.24). Elle traduit la marche humble avec Dieu dans l'obéissance à ses commandements. « *Suivre les voies de Dieu* », c'est donc agir en conformité avec son dessein, sa volonté ; c'est faire en sorte de lui être agréable. Ch. Rochedieu note : « On peut voir dans ces mots *l'origine du culte*, ou la manifestation ouverte de la piété (culte de famille, peut-être même culte public), en tout cas une attitude telle que chacun pouvait savoir que ces gens-là faisaient profession d'appartenir à Dieu et de le servir (Actes 27.23 ; Es. 61.9) »[83].

---

[80] Methoushèlah (ou Mathusalem) est l'homme qui, à travers toute la Bible, a le plus vécu (969 ans).
[81] Noé avait 500 à la naissance de ses fils Sem, Cham et Japhet. Il est mort à l'âge de 950 ans (voir 9,29).
[82] Nous comprenons pourquoi le texte d'Hébreux 11,5 souligne qu'Hénok fut digne d'échapper à la mort, ayant reçu le témoignage de Dieu. Il est un modèle de foi car il a marché avec Dieu.
[83] CH. ROCHEDIEU, *Les trésors de la Genèse*, Saint Légier, Emmaüs, 1987, p. 32. Note : Pour nuancer ces propos, on peut aussi penser aux sacrifices offerts au temps de Caïn et Abel comme acte de dévotion.

D'autre part, la fin du v.24 contient une autre expression aussi intéressante que la première. Il s'agit de « l'enlèvement » : « *Ayant suivi les voies de Dieu, il disparut car Dieu l'avait enlevé* » (TOB). L'apocalyptique juive décrit la vie d'Hénok (voir les livres de 1 et 2 Hénok) et accorde une place de choix à cette vie exemplaire ainsi qu'à l'enlèvement du Patriarche. L'enlèvement est une grâce particulière que Dieu accorde à ceux qui marchent avec lui d'une manière exceptionnellement exemplaire, comme ce fut le cas d'Elie (cf. 2 R 2,9). Dans le Second Esaïe, le Serviteur (עבד יהוה *'Ebèd Adonaï*) sera enlevé (cf. Es 53,8)[84]. Si les autres patriarches sont morts, Hénok lui, n'a point connu la mort.

Le second nom qui attire l'attention est celui de Lamek (v.28-31), père de Noé (*Noaḥ*)[85]. C'est justement à cause de l'histoire de son fils que son nom est devenu célèbre. Le nom que Lamek donne à son descendant répond à un idéal : Réconforter l'humanité déchue. Le v.29b dit : « *Puisse-t-il nous soulager de notre tâche et du labeur de nos mains, causé par cette terre qu'a maudite l'Eternel* »[86] (TM, Ed. bilingue).

Le récit de la création parle de la punition infligée à 'Adam. C'est que le sol était maudit à cause de lui, parce qu'il avait obéi à la voix de sa femme plutôt qu'à celle de Dieu. Ensuite, après le meurtre d'Abel par son frère Caïn, Dieu avait également maudit le sol. Ainsi, l'être humain naît et vit dans une terre maudite par Dieu lui-même car l'homme qu'il a créé a suivi les penchants de son cœur. Lamek est soulagé par la naissance de Noé qui, selon lui, vient soulager l'humanité. Ceci est un prélude à l'histoire de Noé telle qu'elle se lit dans les chapitres 6 à 9.

---

[84] La réalité de l'enlèvement est aussi un thème majeur dans la théologie chrétienne car il est dit qu'à la fin des temps, quand la trompette de Dieu sonnera, les morts en Christ ressusciteront en premier, alors que ceux qui seront encore vivants seront enlevés dans les airs à la rencontre du Seigneur (cf. 1Thes 4,17). L'ascension de Jésus constitue le modèle de l'enlèvement de son Eglise.

[85] Lamek est présenté comme le premier polygame de la Bible. Mais il n'est pas dit d'où sont venues ses femmes. On suppose qu'en ces temps reculés les frères et sœurs, les cousins et cousines pouvaient se marier. Ce sont des circonstances exceptionnelles. Lamek, c'est le représentant de l'humanité déchue (celle de Caïn); en même temps, il bénéficie de la grâce divine car c'est de lui que naît Noé, le « craignant Dieu ».

[86] Ici la racine hébraïque utilisée *nḥm* signifie : soulager, réconforter (cf. Esaïe 40,1). Noé vient également réconforter ses parents afin qu'ils supportent de vivre malgré tout sur un sol maudit par YHWH.

Notons enfin que l'ensemble des patriarches dont parle le chapitre 5 ont engendré des fils et des filles. Mais dans la plupart des cas, les noms de ces dernières ne sont pas toujours cités. Le récit met en exergue quelques figures masculines en raison du rôle joué par leurs descendants.

SECTION III
NOE (NOAḤ) ET SA POSTERITE, Chap. 6 à 9

Le v.32 du chapitre précédent fait une bonne transition qui nous fait entrer en plein dans l'histoire de Noé. La mission dévolue à ce Patriarche est décrite à travers le v.29 : Noé vient sauver l'humanité grâce au rôle qu'il va jouer tel que nous le lisons dans le récit ci-après.

Chapitre 6
DIEU VOIT LA MECHANCETE DE L'HOMME SUR LA TERRE

Les v.1-7 mettent en scène la corruption de l'humanité ainsi que le regret de Dieu d'avoir créé l'être humain sur la terre. Tout commence avec un problème démographique. Comme les hommes commençaient à devenir nombreux sur la face de la terre, des nouveaux défis ont surgi. Les problèmes soulignés concernent surtout l'immoralité sexuelle et la progression du mal. Les êtres humains ont commencé à se comporter comme des rebelles vis-à-vis des lois divines.

6.1. Quand Dieu s'afflige en son cœur

Le v.3 va justement dans cette logique. YHWH dit : « *Mon esprit ne restera pas à toujours dans l'homme...* » (Segond). « Rester » a le sens de « diriger », « animer ». Dieu motive cette résolution : L'homme n'est que chair (בָּשָׂר *basar*). Dans ce verset nous lisons l'opposition entre l'Esprit (רוּחַ *Rûaḥ*) de Dieu et l'homme dont les penchants sont charnels. Il n'y a pas de communion possible à ce niveau[87]. Là où est l'Esprit de Dieu, là est Dieu lui-même. Or, lorsque nous lisons que l'homme est chair, il a perdu sa nature première quand Dieu l'a créé.

---

[87] L'apôtre Paul parle justement de cette opposition entre les œuvres de la chair et celles de l'Esprit. Gal 5,17 : « *Car la chair a des désirs contraires à ceux de l'Esprit, et l'Esprit en a de contraires à ceux de la chair ; ils sont opposés entre eux, afin que vous ne fassiez point ce que vous voudriez* » (Segond). Cf. aussi 5,24 ; 6,8.

L'homme charnel est donc incapable de vivre dans la présence de Dieu, à moins que l'Esprit lui soit encore accordé.

D'autre part, l'âge humain sera réduit à cent vingt ans. Seulement, dans des cas exceptionnels, Dieu a accordé un âge plus élevé (voir Abraham qui a atteint 175 ans). Le fait de limiter ainsi l'âge humain montre un changement de programme. Dans le chapitre précédent (chapitre 5), nous voyions encore des Patriarches qui atteignaient 900 ans et plus. Le mauvais comportement des humains conduit le Seigneur à les sanctionner au point de réduire leur espérance de vie. Plus tard, cet âge atteindra la limite de 70 à 80 ans (cf. Ps 90,10).

A partir du v.4, il y a une description de ce mauvais comportement des hommes du temps de Noé. Les géants dont parle ce verset seraient des fils d'Anak qui habitaient la contrée d'Hébron (cf. Nb 13,22-23). Ces géants (הַנְּפִלִים, *hann^{e}philîm* avec article, sinon *n^{e}philîm*) étaient des gens fameux, c'est-à-dire redoutables dans l'antiquité. Ils avaient une forte personnalité. C'était à cette époque lointaine qu'avait lieu la dépravation des mœurs lorsque les « fils de Dieu » ont eu des enfants avec les filles des hommes[88].

Le v.5 insiste sur la méchanceté humaine qui avait atteint son paroxysme. L'édition bilingue du TM traduit ce verset de la manière suivante : « *L'Eternel vit que les méfaits de l'homme se multipliaient sur la terre, et que le produit des pensées de son cœur était uniquement, constamment mauvais* ». Et Ch. Rochedieu commente : « La spiritualité disparaissant, la conscience se fausse et perd toute autorité, l'égoïsme et l'orgueil prennent le dessus, et l'homme n'a plus d'autre loi que ses caprices »[89]. Au lieu de penser à son Créateur, l'homme passait des journées entières à méditer le mal. Il était devenu incapable de faire le bien tellement la pensée du mal dominait son esprit. Quand quelqu'un conçoit le mal, il ne peut produire que le mal.

Le v.6 contient une expression qui fait penser à des anthropomorphismes : « *L'Eternel se repentit d'avoir fait l'homme sur la terre* ». La racine נחם (*nḥm*) signifie « regretter » ; il est en rapport avec un autre verbe dans ce verset עצב (*'tsb^h*): « s'affliger ». Dieu est très affligé en son cœur. Dans le langage humain, on dira qu'il est tout triste au point qu'il se pose des questions : « *Pourquoi ai-je placé l'homme sur la terre* » ?

---

[88] Qui sont ces « *fils de Dieu* » dont parle le texte ? S'agit-il d'anges déchus ou de ces géants, fils d'Anak ? La réponse n'est pas évidente, mais sachant que les anges n'ont pas de sexe (fussent-ils déchus !), nous pencherions plutôt vers l'hypothèse de fils d'Anak, ou des gens qui ont porté le titre de « *fils de Dieu* ».
[89] CH. ROCHEDIEU, *op. cit.*, p.34.

L'expression veut dire que Dieu peut changer d'attitude à l'égard de sa créature humaine, sans que cela puisse altérer son amour envers elle (cf. Nb 23,19).

En fait, la méchanceté de l'homme a atteint de telles proportions qu'il ne mérite que la mort. C'est dans ce sens que va le v.7. C'en est fini, Dieu a pris la résolution d'effacer de la surface de la terre tout ce qui s'y meut, depuis l'homme jusqu'à la fourmi. Cette décision est irrévocable, car l'homme ne mérite que cela. Toutefois, comme pour témoigner sa miséricorde, Dieu fait grâce à un descendant d'Adam, Noé (v.8). Ceci fait penser à l'élection divine qui ne tient qu'à sa miséricorde. Dieu ne choisit pas en tenant compte des mérites humains ; il fait toute chose souverainement. Noé et sa famille vont bénéficier de la grâce du Seigneur, sans qu'ils aient fait des efforts personnels. Mais c'est quand même un cas qui fait exception au milieu d'une génération corrompue. Ceci montre que la voie de la majorité n'est toujours pas la meilleure. Dans le cas de Noé, c'est le chemin choisi par le Patriarche et les siens qui est le meilleur. Dieu connaît ceux qui lui sont fidèles ; il les sauve et les honore. Noé est connu de YHWH car il est un homme intègre. Ses trois fils et leurs femmes respectives sont aussi bénis avec Noé et son épouse. En tout, huit personnes vont être sauvées de grandes eaux qui s'abattront sur la terre pendant 40 jours et 40 nuits (v.9-10).

Dieu ne cache pas à Noé son projet de détruire l'humanité car la terre était corrompue et remplie de violence (חָמָס *ḥamas*)[90]. Puisque les hommes ont corrompu leurs voies devant le Seigneur, lui aussi les confondra (v.11-12).
La suite montre la mise sur pied du plan de destruction de l'humanité. Le Seigneur est arrivé à bout de patience. Il s'adresse à l'homme selon son cœur comme on parle à un ami intime à qui on ne cache rien. Nous pouvons paraphraser ce verset : « *Tu vois, mon cher Noé, je n'en peux plus de supporter une telle méchanceté de l'homme que j'ai créé. J'ai fait ce que je pouvais pour qu'il revienne de ses mauvaises voies, mais il ne veut rien entendre. Maintenant j'ai décidé de mettre fin à la vie sur terre, car l'homme a tout corrompu* » (cf. v.13).
Les versets suivants concernent les instructions de Dieu à Noé. Ce dernier devra être attentif à ce que dit son Dieu et faire exactement ce qu'il lui demande de faire.

---

[90] A l'heure actuelle le monde dans lequel nous vivons est aussi coupable devant Dieu que l'était celui du temps de Noé. Notre monde est devenu le théâtre des terroristes qui sèment partout la désolation. C'est le résultat de l'égoïsme de l'homme. La dépravation des mœurs est aussi monnaie courante aujourd'hui (cf. Mt 24,37-39).

6.2. « Construis-toi une arche »

L'arche (hébr. תֵּבָה *Tévah* ou *Téb^{h}ah*) joue un rôle important dans ce récit car elle va abriter la famille de Noé ainsi que toutes les espèces d'animaux afin de les soustraire à la colère de YHWH. La représentation que nous pouvons nous faire de l'arche est celle d'un bateau en bois. En Egypte, l'arche désignait une caisse comme nous le lisons dans le récit d'Exode 2,3 où il est question d'une caisse en papyrus. Noé devra construire une arche sur ordre de YHWH. Il ne pose aucune question, mais obéit à l'ordre qui lui est intimé : « *Fais-toi une arche de bois de gopher*[91] » ! Quand Dieu nous ordonne de faire quelque chose, il sait ce qu'il veut, il faut seulement obéir car il ne peut jamais induire quelqu'un en erreur. Il attend qu'on s'exécute sans hésiter. Noé devra expérimenter la grâce de ce Dieu qui lui parle du ciel. Même si la mer était probablement éloignée de l'endroit où il se trouvait, il a fait confiance à son Dieu qu'il servait fidèlement[92]. D'ailleurs, l'arche à construire devra servir à Noé et aux siens. Et ses dimensions sont aussi déterminées par Dieu lui-même : 300 coudées (soit environ 150 m) de long, 50 coudées (25 m) de large et 30 coudées (15 m) de hauteur. En plus, l'arche devait être enduit de bitume (ou de poix) à l'intérieur et à l'extérieur, pour empêcher l'eau d'envahir les êtres vivants qui prendraient place à son bord.

D'autres détails se trouvent au verset 16 : l'arche comprendra des cellules ; elle devra avoir une fenêtre, une porte, avec trois étages. Rien n'est donc laissé au hasard car les êtres se trouvant à bord de cette maison flottante doivent avoir l'occasion de respirer et même de se déplacer. Ce n'est qu'au v.17 que l'on lit la précision sur ce que Dieu veut faire exactement : le déluge va s'abattre sur tout être qui se meut sur la surface du sol. Le terme hébreu מַבּוּל *mabboul* signifie « déluge », « grandes eaux »[93].

---

[91] **L'arche** peut être comparée à l'église du Christ qui joue le rôle de faire soustraire les hommes au jugement grâce à la foi en Jésus. Mais le vrai modèle de l'arche, c'est Christ lui-même.
Le bois de gopher : un arbre qui s'apparenterait au cyprès. La TOB traduit l'expression hébreu עֲצֵי-גֹפֶר *'atséy – gophèr* par « bois résineux », ce qui ne facilite pas non plus la compréhension. Nous comprenons qu'il s'agit d'un arbre dont le bois était utilisé pour la fabrication des meubles et des charpentes de maisons.
[92] Noé et Hénoc sont des modèles de foi dans ces temps éloignés (cf. 5,24 et 6,9). Ils ont marché conformément à la volonté de Dieu.
[93] Le sens de אֶת-הַמַּבּוּל מַיִם (*'èth – hammabboul mayim*) est « déluge d'eaux », c'est-à-dire des eaux qui tomberont en très grande quantité, détruisant tout sur leur passage comme dans le cas de grande inondation qui provoque des éboulements de terrains.

Le déluge n'épargnera aucune vie, en dehors de personnes qui seront dans l'arche de Noé. C'est dans ce sens que va le verset 18 qui parle de l'Alliance בְּרִית ($B^{e}rith$) avec le Patriarche[94]. « En vertu de cette alliance, si Dieu exige beaucoup de Noé, il lui promet aussi beaucoup, tout ce qu'il lui faudra pour venir à bout de ce qui est demandé de lui. L'alliance sera d'ailleurs renouvelée et complétée (9.9) »[95]. Ceci se concrétise encore avec l'ordre donné à Noé d'entrer dans l'arche qu'il venait de construire, lui et les siens. Dieu tient à honorer la fidélité de son serviteur ; il veut l'épargner du jugement que subiront ses contemporains. Mais il y a aussi des bêtes de champs, des oiseaux du ciel ainsi que d'autres espèces ayant souffle de vie qui bénéficieront de cette même grâce.

Noé devra faire entrer toutes ces créatures par couples afin de les conserver en vie auprès de lui (v.19-20). Enfin, Noé devra prendre avec lui des provisions pour ne pas être en rupture de stock de nourriture (v.21).
Le dernier verset revient sur l'obéissance de Noé, comme pour dire que le Patriarche n'a rien omis de ce qui lui était demandé ; il a fait la toute volonté de Dieu. C'est encore là un modèle d'obéissance pour tous les serviteurs de Dieu.

Chapitre 7
DISPOSITIONS POUR CONSTRUIRE L'ARCHE

Ce chapitre semble un « doublet » du précédent car il parle à nouveau de l'ordre intimé à Noé d'entrer dans l'arche. C'est clair, Noé est le seul homme intègre parmi les gens de sa génération.
Le v.2 va également dans le sens de l'ordre donné au sujet de couples d'animaux. Il y aura sept couples qui entreront dans l'arche, et non un comme en 6,19-20. Toutefois, la précision sur la classification de différents animaux demeure le même dans les deux chapitres, même si le chapitre 7 les catégorise en « purs » et « impurs » lorsqu'il s'agit de quadrupèdes. Ceux qui sont considérés comme animaux purs entreront par sept couples tandis que les impurs n'entreront que par couple, mâle et femelle. Quant aux oiseaux, il y aura sept couples[96].

---

[94] L'alliance est un pacte établi entre deux parties. Dans le cas présent, Dieu (Etre Suprême) prend l'initiative de conclure une alliance avec un être de chair. Ceci implique des engagements mutuels à rester fidèle aux différentes clauses du contrat.
[95] CH. ROCHEDIEU, *op. cit.*, p. 34.
[96] Les animaux purs ainsi que les oiseaux étaient admis pour le sacrifice, mais pas les animaux impurs comme les reptiles. D'ailleurs, c'est ce qui se produira quand Noé sort de l'arche ; il devra offrir des holocaustes (cf. 8,20-21).

Même si les deux récits semblent se répéter, ils sont néanmoins complémentaires car le but de faire entrer les bêtes dans l'arche demeure le même : « *perpétuer les espèces sur la face de la terre* » (6,20b et 7,3b).
Toutes ces dispositions témoignent de la grande miséricorde de Dieu qui garde toujours un « reste » avec lequel il pourra encore communier. L'harmonie pourra être ainsi rétablie malgré le péché de l'homme. Le délai est fixé à sept jours, soit la plénitude (v.4) ; le temps de la patience de Dieu va donc toucher à sa fin. Noé devra encore crier, exhorter ses compatriotes à changer de comportement sachant que Dieu peut encore faire grâce. Mais ces derniers trouvent cela ridicule ; ils ne croient pas à tout ce que dit cet homme qu'ils connaissaient tant. Ils s'en moquent. Pourtant la dernière semaine va vraiment se terminer et Dieu mettra à exécution son jugement[97]. Le v.5 reprend l'idée selon laquelle Noé était un « craignant Dieu », car il s'est conformé à tout ce qui lui était demandé. Quant au v.6, il donne l'âge de Noé (six cents ans) lorsque survint le déluge (des eaux) sur la terre.

7.1. La description du déluge

A partir du v.7 le texte donne d'importantes précisions sur le déroulement des opérations. Noé vient de faire tout ce qui lui était demandé par le Seigneur. Il a installé les animaux et les oiseaux selon leurs espèces, il a pourvu à leur alimentation ainsi qu'à celle de sa famille pour les jours le la grande détresse. Maintenant, lui et les siens vont entrer dans l'arche pour se mettre à l'abri. Ce fut au septième jour que Noé entra dans l'arche[98].

---

[97] Matthieu 24,37-39 rapporte qu'en ce temps, les gens mangeaient, se mariaient, mariaient leurs enfants, festoyaient, sans tenir compte des avertissements de Dieu par la bouche de Noé. Seulement, le déluge les a surpris et ils n'avaient aucune possibilité d'arrêter le jugement du Dieu de l'univers. De nos jours également, plusieurs personnes très intellectualistes affichent un comportement semblable. Elles n'ont que faire des avertissements de la Parole de Dieu. Mais la Bible ne cache pas cette vérité sur le jugement dernier (cf. le discours apocalyptiques de Mt 24 –25 ; Mc 13 ; Lc 21,5s, voir aussi le livre d'Apocalypse dans son ensemble).
[98] En lisant les v.7-16, nous voyons avec quelle insistance l'auteur reprend certaines expressions telles que *« Noé entra dans l'arche »*, *« toutes les espèces de bêtes… »*, *«C'étaient un mâle et une femelle »*… Cette insistance est destinée à rendre le lecteur attentif sur la réalité du jugement de Dieu. D'autre part, il y a lieu noter que le septième jour est celui de l'accomplissement, de plénitude. Le septième jour, pour marquer la fin de la création, YHWH est entré dans son repos ; au septième jour, Noé entre dans l'arche, ce qui symbolise la fin du temps de la grâce.

Le texte parle de tous les réservoirs du grand Abîme qui se sont rompus, laissant une grande ouverture dans le ciel, de sorte que les eaux pouvaient se déverser sur la terre en quantité inestimable[99]. La durée de quarante jours et quarante nuits (v.12) est plus que suffisante pour qu'aucune créature ne soit encore en mesure de se mouvoir sur la terre. C'est ce qu'affirme la dernière partie du v.16.

7.2. Quand la porte est fermée par Dieu

Dieu ferme la porte pour garder Noé et sa famille élargie à l'intérieur de l'arche, en toute sécurité. En même temps, cela signifie qu'il empêche par là toute possibilité à ceux qui sont à l'extérieur par leur propre faute de pouvoir entrer dans l'arche. Le choix ayant été fait par les uns et par les autres, il est inutile de forcer les choses. On ne récolte que ce que l'on a semé. C'est Dieu lui-même qui ferme la porte et non pas Noé. Cela suffit pour comprendre qu'il est impossible à l'homme d'ouvrir ce que Dieu a fermé ni de fermer ce que Dieu a ouvert (cf. Mt 25,11 et Ap 3,7). Comme le fait remarquer John R. Cross : « *Lorsque le jugement est arrivé et que les eaux ont commencé à monter, personne n'aurait pu persuader Noé de rouvrir la porte. Lui et sa famille ne craignaient pas non plus que la porte cède sous la force des eaux. Ils étaient parfaitement en sécurité, car Dieu avait fermé la porte, la seule et unique porte qui menait à la sécurité. Dieu a fermé à l'intérieur ceux qui croyaient et a relégué à l'extérieur les rebelles* »[100].

Tout étant sous le contrôle de Dieu, personne ne pouvait lui résister ; Noé et sa famille ne pouvaient que bénéficier du salut de Dieu car ils avaient œuvré pour lui. Ils récoltent le fruit de leur patience et de leur persévérance. C'est ce que souligne avec force ce texte. Noé n'intervient plus désormais. Tout est sous le contrôle de Dieu. Les eaux du déluge grossissent et forment un fleuve ou un océan au point qu'elles soulèvent l'arche comme un bateau sur la mer[101].

D'autre part, les v.19-20 précisent que même les plus hauts sommets des montagnes étaient submergés par les eaux du déluge. En principe, les sommets de montagnes sont des indicateurs qui font penser à la vie. Le fait qu'ils aient disparu montrait que tout espoir de vie pour l'homme comme pour les autres

---

[99] Selon la cosmologie hébraïque, les cieux sont désignés par « eaux d'en haut » (*shamayim*), ce qui donne justement l'image des eaux se déversant sur terre à torrents.
[100] *L'homme sur le chemin d'Emmaüs*, p. 94.
[101] L'arche est donc présentée comme un lieu très sûr. Elle est l'image de l'Eglise du Christ, garantie pour ceux qui sont sauvés.

créatures n'était plus envisageable. L'on comprend dès lors qu'il soit tout à fait impossible à tout être vivant de trouver refuge quelque part. Seuls ceux qui se trouvaient dans l'arche avaient la vie sauve. Même les oiseaux qui volent beaucoup plus haut (comme l'aigle) ne pouvaient pas survivre. Dieu avait décidé d'en finir avec toutes ses créatures à cause de l'homme qui avait corrompu la vie sur la terre (v.21-23).

Enfin, le v.24 donne une autre précision sur la durée de la crue des eaux : cent-cinquante jours. Ceci n'est pas à confondre avec les quarante jours et quarante nuits du déluge des eaux.

Chapitre 8
NOÉ RECOMPENSÉ

L'ensemble de ce chapitre décrit la fin du jugement de Dieu. Au premier verset, l'expression « *Dieu se souvint de Noé...* » (cf. aussi 9,15) retient notre attention. Ce souvenir se comprend mieux en rapport avec la fidélité de Noé vis-à-vis de son Dieu. Sa marche avec le Seigneur a été récompensée avant tout par le fait d'être épargné du déluge. Dieu a honoré son serviteur et il le comble davantage de bienfaits. Et avec Noé, la bénédiction se répand jusqu'aux bêtes et aux bestiaux qui avaient pris place dans l'arche. Ceci est important si l'on veut comprendre combien Dieu peut bénir des êtres moins importants à nos yeux grâce à sa fidélité vis-à-vis de l'homme. Si les contemporains de Noé avaient été une malédiction pour tous les êtres vivants, Dieu veut bénir les rescapés à cause de Noé. Il récompense toujours ses fidèles en toutes circonstances. Il n'a jamais abandonné ceux qui lui ont fait confiance. C'est là une vérité théologique fondamentale[102]. Mais plus intéressant est le rôle assigné au souffle (רוּחַ *rûaḥ*) de YHWH, ce souffle qui marque la fin du déluge proprement dit.

8.1. La fin du déluge

Au v.2, il est question de réservoirs de l'Abîme. On imagine des eaux se déversant d'une pente sur des rochers ou au fond de la vallée. La pluie obéit aux injonctions du Créateur et les eaux se retirent afin de permettre à la vie de reprendre son cours normal (v.3). L'arche devait donc se poser sur une

---

[102] Dans le cas de Noé, la grâce de Dieu n'est pas vaine ; elle implique une responsabilité. En 2 Cor 6,1, l'apôtre Paul exhorte les croyants à ne pas recevoir la grâce de Dieu en vain.

montagne comme les eaux ont diminué[103]. Le calme est revenu sur la surface de la terre après cinq mois, donc au septième mois, celui de Nissan. Mais deux mois supplémentaires étaient nécessaires pour qu'apparaissent enfin les sommets des montagnes (v.5). Ainsi, l'occasion était toute belle pour Noé d'ouvrir la fenêtre de l'arche afin de jeter un coup d'œil sur la terre (v.6). Il lâche successivement le corbeau (הָעֹרֵב *ha'oréb^h*, *'orév* ou *'oréb^h*) et la colombe (הַיּוֹנָה *hayyônah, yônah*) pour qu'ils aillent palper la réalité sur terrain[104]. Le premier fait des va-et-vient sans pouvoir trouver de sec pour se poser. De même, la colombe est retournée dans l'arche après avoir couvert des longues distances de vol. Seule la colombe est renvoyée plus d'une fois hors de l'arche, et à chaque fois l'intervalle est de sept jours : « *il attendit encore sept autres jours, et renvoya la colombe de l'arche* » (v.10, 12). A la deuxième tentative, la colombe revient auprès de Noé avec une feuille d'olivier fraîche comme preuve que les eaux avaient baissé sur la surface du sol. Ceci se comprend bien sachant que l'olivier est un arbre qui ne se rencontre pas sur les hautes montagnes. A la vue de cette feuille verte, Noé avait compris que les choses commençaient à s'améliorer (cf. v.11b).

Les précisions données aux v. 13-14 sur les dates ont pour but d'indiquer que le déluge a duré exactement quarante jours. Pourtant, une difficulté demeure au plan exégétique car le v.14 parle d'une durée de douze mois solaires, ce qui fait croire que le déluge a duré plutôt une année[105].

Dans les derniers versets, nous voyons une fois de plus Dieu donner des ordres à Noé. Mais cette fois, il s'agit de sortir de l'arche. Le temps de Dieu a sonné, et il veut montrer à Noé que c'est accompli. Il n'a pas à s'étonner car les temps nouveaux sont apparus. Désormais il faudra penser au renouvellement de l'univers. Dieu ne va pas agir seul ; il peut compter sur Noé et sa descendance.

---

[103] Les monts de l'Ararat : Une chaîne de montagnes que l'on situe au nord de l'Assyrie, au sud du Caucase. Quant au septième mois, c'est celui de Nissan (cf. la Pâque juive qui avait lieu le 14/15 Nissan).

[104] En Babylonie, trois oiseaux jouent le rôle de messagers : le corbeau, la colombe et l'hirondelle. Il n'y a rien de surprenant qu'un oiseau soit envoyé et qu'on s'attende à ce qu'il revienne avec une réponse. Même l'homme moderne a dressé des oiseaux (cas du pigeon) qui ont joué un tel rôle. Dans le récit néotestamentaire qui décrit le baptême de Jésus, il est question du Saint-Esprit qui est descendu sur lui sous la forme d'une colombe (cf. Mt 3,16 et //). De nos jours, certaines églises pentecôtistes ont adopté cet oiseau dans leurs armoiries.

[105] Il n'est pas facile de trancher sur la vraie durée car il y a deux récits (l'un sacerdotal et l'autre yahviste), et chacun d'eux a sa version des faits. Le récit sacerdotal parle d'un an alors que le yahviste (parle) de quarante jours. Pour résoudre cette difficulté, nous proposons une simplification : retenir le but du récit qui consiste à montrer que les actions humaines sont jugées par Dieu le Créateur car le temps de sa patience peut arriver à son terme.

Voilà pourquoi il lui ordonne de sortir du bateau pour une nouvelle mission. Tout animal ayant pris place à bord de l'arche devra aussi la quitter pour se répandre sur la terre. Il y a un travail à accomplir à la fois par l'homme et par toutes les bêtes selon leurs espèces. Ainsi, l'Alliance qui sera bientôt scellée entre Noé et le Seigneur Dieu concernera également tous les autres êtres ayant souffle de vie sur la terre (v.17-19).

8.2. Reconnaissance de Noé : Les holocaustes

En reconnaissance à la sollicitude de YHWH, Noé va bâtir un autel afin de lui offrir des holocaustes[106]. Le choix d'animaux à offrir montre combien Noé est attentif à l'ordre de son Dieu qui lui avait demandé de faire entrer dans l'arche toutes les bêtes selon leurs espèces. Nous pouvons imaginer que certains animaux se sont reproduits durant le temps du déluge. Mais il n'y a que les bêtes pures et les oiseaux qui sont offerts en holocauste, car Noé ne peut pas donner à Dieu des bêtes impures. « En offrant divers animaux purs, Noé cherchait à symboliser les sentiments divers qu'il éprouvait ; mais, dans sa pensée, tous ces animaux prenaient sur l'autel la place qui dû être la sienne et celle des siens. C'est donc, avant tout, la reconnaissance explicite *des droits de Dieu* sur ses créatures désireuses de lui être agréables »[107]. Le choix des sacrifices dénote la foi et l'amour dont déborde le cœur qui donne[108].

Le v.21 utilise un langage anthropomorphique destiné à expliquer le fait que Dieu agrée Noé et son offrande. YHWH est présenté comme un homme qui sent l'odeur agréable des holocaustes.
Nous comprenons dès lors que le choix de Noé parmi les gens de sa génération relevait de la souveraineté de Dieu qui regarde au cœur. Et la récompense ne tarde pas à venir : « *Désormais, je ne maudirai plus la terre à cause de l'homme* » (T.M). Par l'homme est venue la mort ; par lui aussi Dieu redonne la vie. Le Seigneur vient de lever la malédiction qui pesait sur l'homme et sur toutes les autres créatures. Même si le rédacteur reprend l'acte d'accusation « *...parce que les pensées du cœur de l'homme sont mauvaises dès sa jeunesse* »

---

[106] L'holocauste (*'olah*) est un sacrifice où la bête posée sur l'autel est entièrement consumée par le feu. Et la fumée qui monte vers le ciel montre que Dieu a agréé la personne qui a fait le sacrifice. Par l'holocauste, l'être humain témoigne son entière reconnaissance à Dieu. Il lui démontre par là qu'il peut tout lui offrir sans regret. C'est en quelque sorte le don de sa personne.
[107] Ch. ROCHEDIEU, *op.cit.*, p.37.
[108] Ceci constitue une grande leçon pour tous ceux qui offrent à Dieu des sacrifices, des offrandes et des dîmes (cf. Mal 1,6-14 ; 2 Cor 8 et 9). Dieu n'agrée pas un sacrifice de mauvaise qualité. Au contraire, il le qualifie d'abomination.

(Segond), la grâce et la bienveillance de Dieu n'en sont pas altérées. Dieu a juré par lui-même de ne plus jamais faire chose semblable. C'est ce qu'affirme le v. 22 où il est question de l'ordre naturel voulu par le Créateur. Cet ordre ne sera plus mis en cause, à moins que l'homme en vienne à tout détruire comme c'est le cas aujourd'hui. Les saisons succèderont aux saisons, les jours aux nuits, le froid à la chaleur, et ce, tant que subsistera la terre[109].

Chapitre 9
REFAIRE LA VIE : L'ALLIANCE

Après le cataclysme qui vient de s'abattre sur la terre, Noé et ses descendants sont chargés par YHWH de refaire la vie. Par ces paroles dont nous trouvons l'écho dans le récit de la création, Dieu conclut une alliance avec l'humain : « *Soyez féconds, multipliez, et remplissez la terre* » (v.1 et 7).
La même responsabilité donnée autrefois à Adam et Eve est accordée à Noé et aux siens. C'est à eux que revient la charge de gérer toutes les autres créatures. Dans ces conditions, aucune autre créature ne pourra être au-dessus de l'homme. En plus, l'homme reçoit l'autorisation de se nourrir de tout ce qui se meut sur la terre et qui a souffle de vie : animaux et végétaux (v.3). La seule restriction à cet ordre divin concerne le sang des bêtes. La vie étant dans le sang (דם *dam*), l'homme ne doit pas manger la chair de la bête avec le sang (v.4, cf. Lv 17,11.14). Il y a ici une symbolique dont il convient de tenir compte : En mangeant le sang de la bête, l'homme risque de s'imprégner de la vie de cette bête, et par conséquent, de se comporter comme elle[110].

Cette règle s'applique aussi au sang humain qui ne devra jamais être versé par l'homme sous n'importe quel prétexte. D'ailleurs, le v.6 est formel : « *Celui qui verse le sang de l'homme, par l'homme son sang sera versé ; car l'homme a été fait à l'image de Dieu* ». Dans le récit sur Caïn et Abel, nous avons lu une remarque qui doit interpeller les consciences : « *...la voix du sang de ton frère crie du sol vers moi* » (TOB). Ceci veut dire que le sang versé réclame vengeance d'auprès du Créateur.

---

[109] Après ce beau verset, on pourra s'attendre à l'épilogue de l'histoire de Noé, mais il ce n'est pas le cas car le prochain chapitre va dans le sens de l'Alliance.
[110] Le N.T. contient un passage sur le sang de l'Agneau pascal. Jn 6,55-56 : « *Car ma chair est vraiment une nourriture, et mon sang est vraiment un breuvage. Celui qui mange ma chair et qui boit mon sang demeure en moi, et je demeure en lui* ». A travers cette symbolique, nous lisons que la vie de Christ demeure en celui qui mange sa chair et qui boit son sang. Ainsi, l'Agneau pascal est le plein accomplissement de la bénédiction de Dieu accordée là où il y a eu malédiction.

Puisque l'homme est à l'image de Dieu, sa vie est précieuse devant lui. La valeur de la vie humaine se mesure donc à la valeur de son âme créée à l'image de Dieu (cf. Ez 18,4). En des circonstances bien précises, le Créateur, dans sa souveraineté, a ordonné l'élimination d'un individu et d'un peuple qui allait à l'encontre de son dessein bienveillant pour son peuple. C'était généralement dans le but de purifier son peuple ou de le venger (cf. p.ex. 1 S 15 sur la destruction des Amalécites ; Jos 7,2-26, sur le péché d'Acan). Mais ceci va dans la logique de la souveraineté du Dieu Créateur.

9.1. Les clauses de l'Alliance

A partir du v.8, les clauses de l'Alliance se précisent. Elle est conclue entre d'une part, Noé et ses fils, et de l'autre, avec le Seigneur de l'univers. C'est de lui-même que vient l'initiative. Noé et sa descendance sont seulement objet de la grâce divine. Les autres créatures sont aussi associées à cette grâce, même sans en être conscientes. Dieu n'exige rien en contrepartie ; il a pris l'initiative et il y demeure fidèle. Il s'engage par un serment de ne plus jamais détruire la vie par le déluge (v.11). Et pour sceller l'Alliance conclue, il place l'arc-en-ciel comme signe visible de son serment (אֶת־קַשְׁתִּי נָתַתִּי בֶּעָנָן, *'eth-qashtî nathattî bè'anan, J'ai placé mon arc dans la nue* (v.13). Cette alliance perpétuelle dont Dieu se souviendra en regardant au signe de l'arc-en-ciel (אֶת־קַשְׁתִּי, *'èth-qashtî* = mon alliance), vient remplacer la première alliance déchue par le péché d'Adam et Eve (cf. v.12-17). C'est un de leurs descendants qui bénéficie de la grâce divine. Dieu parle à Noé comme il parlait à ses ancêtres. Grâce à son obéissance, Dieu ne tient plus compte des péchés commis par l'homme. Le monde vient d'être purifié de tout ce qui le souillait ; tout devient nouveau sous la présente Alliance.

Les v.18-19 introduisent un nouvel épisode concernant la famille de Noé. Les noms des fils de Noé sont cités, mais pas ceux de leurs épouses respectives car ce qui suit (v.20-29) ne les concerne pas directement. Il est dit que c'est par Sem, Cham et Japhet que la terre fut à nouveau peuplée d'êtres humains.
Dans ces conditions, Dieu a pu autoriser des mariages entre garçons et filles du même clan, entre cousins et cousines. Mais il s'agit de circonstances exceptionnelles en vue de répondre à la mission confiée à Noé et à ses descendants.

9.2. La malédiction de Canaan

Il est dit que Noé s'était mis à cultiver la terre (v.20). Jusqu'ici, Noé et sa famille semblent avoir été des bergers. Mais ici, on les voit entamer une vie d'agriculteurs. C'est pourtant le lot de l'homme après la chute (cf. 3,17ss ; 4,11-12). Noé venait de boire du jus de raisin fermenté. Il est probable qu'il ne s'était pas rendu compte que cela puisse l'enivrer. C'était pour lui une nouvelle découverte qui va l'entraîner à la dérive. Il ne peut plus se rendre compte de son état de nudité, tellement il avait bu. Parmi ses fils, le premier qui le découvre (Cham, l'ancêtre de Canaan) s'en moque et va raconter aux autres (v.22). Mais Sem et Japhet font de leur mieux pour ne même pas voir la nudité de leur père. Ils viennent le couvrir en marchant à reculons. Le temps est passé et Noé se réveille de son profond sommeil occasionné par une consommation excessive de vin. Qui lui rapporte le mauvais comportement de son fils cadet ? Sans doute les deux autres. Le témoignage de deux personnes étant crédible, Noé maudit son petit-fils Canaan (fils de Cham) et bénit les deux autres (v.25-27). A trois reprises, Noaḥ condamne le mauvais comportement de Canaan : (1) Que Canaan soit l'esclave de ses frères[111] ; (2) Que Canaan soit l'esclave de Sem ; (3) Que Canaan soit l'esclave de Japhet.

Cette triple répétition n'ajoute rien à la condamnation ; il s'agit d'une simple redondance de mots destinée à amplifier le mauvais comportement de Canaan. De telles paroles de malédiction prononcées par le chef de famille ont un impact sur la vie de ses descendants. Notons toutefois que le nom de Cham n'étant pas cité ici, ce n'est pas lui qui fut destiné à devenir « *l'esclave des esclaves de ses frères* », mais seulement Canaan, « l'ancêtre des occupants d'un territoire que Dieu réservait à la postérité d'Abraham … Toutefois… aucune malédiction, qu'elle concerne les nations ou les individus, ne comporte un caractère définitif.

Le Seigneur l'a bien démontré, précisément à l'égard de Canaan, lorsqu'il a répondu à la prière instante d'une femme cananéenne syro-phénicienne – on dirait peut-être aujourd'hui une Libanaise d'ascendance syrienne – qui,

---

[111] L'usage du superlatif sert à insister sur la gravité de la faute, mais aussi sur la force de la parole de malédiction. On le voit au travers de l'ordre suivi par l'auteur de ce texte qui place les fils de Noé dans l'ordre suivant : Sem – Japhet – Cham. Mais lorsqu'il s'agit de sanctionner la faute, il commence par citer le fils de Cham, Canaan (9,25). On peut donc ainsi traduire ce verset : « *Maudit soit Canaan ! Il sera pour ses frères le serviteur des serviteurs* » ou « *Maudit soit Canaan ! Qu'il soit le dernier des esclaves de ses frères* » (Le Semeur).

lorsqu'elle accepta la priorité accordée aux Israéliens de l'époque, bénéficia de la grâce divine »[112].

Cet épisode nous fait voir la réalité de conflits au sein de familles. Si le descendant de Cham est maudit, c'est en raison du mauvais comportement du père. Au lieu de se moquer de son père, il aurait dû s'occuper de lui. Rien ne montre dans ce texte que certaines régions du monde aient le monopole de la bénédiction tandis que les autres seraient sous leur domination.

Remarquons avant tout l'insistance de la Bible sur l'état pitoyable de Noé. « *Le texte se contente d'indiquer les tristes conséquences des excès. Considérez les effets sur cet homme qui, avant le déluge, marchait avec Dieu et était intègre au milieu d'une société impie et violente. Quelle tristesse de voir un homme de Dieu réduit à cet état lamentable !* »[113]. Une grande majorité des commentateurs s'attardent plutôt sur l'épisode qui suit, celui de la malédiction prononcée sur Canaan (descendant de Cham). Pourtant, Noé a aussi béni Sem et Japhet. S'il n'a pas nommément maudit Cham ce serait en raison de la bénédiction de Dieu après la sortie de l'arche, une bénédiction accordée à toute la lignée du Patriarche : « *Dieu bénit Noé et ses fils, il leur dit : 'Soyez féconds et prolifiques, remplissez la terre'* » (9,1). On peut aussi comprendre pourquoi Noé maudit le descendant de Cham, Canaan, en lieu et place de Cham lui-même. Le mauvais comportement de ce dernier est mis en exergue. Au lieu de se moquer de son père, Cham aurait dû s'en occuper[114]. Soulignons dès le départ que toute interprétation qui verrait dans cette malédiction une raison d'opprimer des peuples est étrange à la pensée biblique. Rien n'indique dans ce texte que certaines régions du monde aient le monopole de la bénédiction tandis que les autres seraient sous leur domination. D'ailleurs, d'après le récit sur Noé et ses fils, il est dit que tous font partie de l'Alliance dans laquelle Dieu les fait entrer après le déluge. En plus, Canaan est maudit, non par Dieu mais par Noé.

---

[112] John H. ALEXANDER, *La Genèse de l'univers de la foi*, Genève – Paris, La Maison de la Bible, 1994, pp. 201-202.

[113] *Ibidem*. Voir aussi A. CHOURAQUI qui n'hésite pas à souligner la gravité des faits, en stigmatisant cet épisode qui, du reste, condamne l'ivresse de l'homme juste que fut Noaḥ. *Entête (La Genèse), La Bible traduite et commentée* par A. CHOURAQUI, Ed. J. Clattès, 1992, Note v.18-28.

[114] La loi lévitique interdit à quiconque de découvrir la nudité d'un proche parent, surtout dans le cadre de relations sexuelles. Ce qui est considéré comme une infamie, une abomination devant Dieu (Cf. Lévitique 20).

Les deux derniers versets donnent l'âge de Noé (neuf cent cinquante). Même si Dieu avait décidé de raccourcir la durée de la vie de l'homme (cf. 6,3), Noé fera exception. De même, d'autres serviteurs de Dieu (Abraham, p. ex.) bénéficieront également de cette grâce comme récompense de leur obéissance.

SECTION IV
LE PEUPLEMENT DE LA TERRE, Chap.10-11

Ces deux chapitres nous conduisent vers le peuplement de la terre après le déluge. D'une part, il est question de descendants de Noé jusqu'à Abram (chap. 10), et d'autre part, nous lisons le récit de la corruption humaine suite à un projet qui cherche à défier Dieu, ce qu'on désigne par la tour de Babel (chap.11).

Chapitre 10
DE NOÉ A ABRAM (ABRAHAM)

Le chapitre 10 de la Genèse énumère les descendants des fils de Noaḥ dans l'ordre suivant : Sem – Cham – Japhet. Mais dans la généalogie l'ordre est inversé : Japhet – Cham – Japhet. En 10,21, Sem est présenté comme le frère aîné de Japhet. Ce verset ne dit rien au sujet de Cham. Voyons les différentes peuplades issues des trois fils de Noaḥ.

1. **Sem** est l'ancêtre des Sémites dont Héber, l'ancêtre des Hébreux (cf.10,24-25 et 11,14-17). On y voit la descendance d'Abraham, le père du peuple d'Israël. Les autres peuples cités en 10,22 sont donc : Elam (Côté oriental de la Mésopotamie) ; Assour ou l'Assyrie ; Arpakashad (une partie de l'actuel Irak, vers Kirkouk) ; Loud, probablement la Lydie ou une région voisine d'Egypte ; Aram (pays des Araméens ou Syriens). Toutes ces peuplades (Israël et ses voisins) faisaient partie des Sémites. Mais leurs descendants ont émigré çà et là à travers le Proche-Orient ancien.

2. **Japhet** : Ses descendants ont occupé de vastes territoires à travers le Moyen Orient allant du nord-ouest à l'est de Canaan (cf. la prophétie de Noé concernant l'étendue du territoire que devait occuper Japhet (9,27).

3. **Cham** : Il est l'ancêtre des Cananéens (par Canaan) et des Africains (par Koush, Pouth et Mitsraïm). L'auteur biblique consacre plus de détails aux descendants de Cham car ils sont voisins d'Israël. C'est donc en raison du rôle qu'ils vont jouer dans l'histoire qu'ils sont ainsi cités. Cependant, « les

anthropologues et les linguistes estiment que certains des noms mentionnés n'appartiennent pas à la descendance de Cham. La classification biblique ne regroupe pas toujours les gens selon la langue et la race, mais en fonction des pays et des groupements tribaux, ou encore en tenant compte de leur association à Israël. A cause des mariages, certains groupes peuvent faire valoir plusieurs ascendances (cf. Assyrie/Assur en 10,11.22) »[115].

Pour bien comprendre l'histoire des grandes migrations aux temps bibliques, parlons brièvement de différentes peuplades issues de Cham. Les descendants de ce dernier sont cités dans l'ordre suivant : Koush, Mitsraïm, Pouth et Canaan[116].

- Koush (Cush) : C'est le territoire d'Arabie, d'Ethiopie et du Soudan.

Koush est présenté comme le père de Nimrod, l'homme qui commença à être puissant sur la terre (10,8). Sixième fils de Koush, Nimrod occupe une place de choix car il est présenté comme un puissant guerrier. Il est à l'image de rois mésopotamiens de l'époque qui étaient fiers de leur autorité, de leur force et de leurs exploits surtout dans des guerres. C'est lui qui bâtit Babel (Babylone), Erec, Akkad et Calné. Il est même dit qu'il a étendu son pouvoir jusqu'en Assyrie, bâtissant Ninive la capitale. « Nimrod, le puissant chasseur devant l'Eternel, représente, sans aucun doute, les grands rois de Babylone et d'Assyrie, dont la chasse était la grande passion : ils se sont fait peindre avec prédilection, comme de colossaux chasseurs combattant avec lions et aurochs ; ils obligeaient les peuples à s'unir et supprimaient les frontières ; fidèles à leurs plans, ils érigeaient par la violence leurs grands empires »[117]. Tenant compte de tels exploits, il n'est pas justifiable que les peuples issus de Koush soient faibles. Leur esclavage ne peut se justifier s'ils sont issus d'un tel puissant homme.

- Mitsraïm (Egypte) : La forme hébraïque (duel absolu : *aïm* ou *ayim*) fait penser à la Haute et Basse Egypte). L'Egypte tire justement son nom du second fils de Cham. Même si ce pays a vu s'établir une religion polythéiste dès l'avènement des premières dynasties pharaoniennes, l'on ne pourra jamais passer sous silence le rôle de premier plan joué par l'une des plus vieilles civilisations du monde. Ce pays nous fait penser à pyramides travaillées avec art, mais aussi au

---

[115] Ph. EVESON, *op. cit.* p. 181.
[116] Les territoires correspondant à ces différents descendants de Cham sont : Le pays du Haut-Nil qui s'étend jusqu'aux côtes de la Mer Rouge (Pays de Koush) ; l'Egypte (Mitsraïm) ; la Lybie et une partie de l'Egypte (Pouth) ; le Liban et l'actuel territoire occupé par Israël et les Palestiniens (Canaan). La logique la plus élémentaire nous amène à cette question : En maudissant Canaan, Noaḥ a-t-il aussi maudit les autres fils de Cham ?
[117] W. VISHER, *La loi ou les cinq livres de Moïse*, Neuchâtel, Delachaux et Niestlé, 1949, p.148.

papyrus. D'ailleurs à l'époque biblique ce pays était considéré comme un lieu de refuge, même si paradoxalement il a été le pays d'esclavage du peuple hébreu. C'est aussi là que se refugièrent Marie et Joseph à la naissance du Christ (cf. Matthieu 2,13-15.19-21). D'autre part, à travers l'Orient les tapis fabriqués en Egypte étaient renommés car ils étaient brodés avec élégance. Donc une fois de plus, nous ne voyons pas en quoi la malédiction de Canaan aurait directement concerné Mitsraïm.

- Pouth: D'après le texte de Nahum 3,9, le pays de Pouth fut allié d'Egypte, ce qui est identifié à la Lybie. En Genèse 10, l'auteur ne cite aucun descendant de ce fils de Cham. Le seul souvenir concerne « la mention de la reine Hatshepout (18ème dynastie, 15ème siècle) qui envoya à Pount (Pouth) une expédition qui est restée grâce aux reliefs d'un portique du temple de Deir el-Bahari où elle a fait représenter cette expédition qui ramenait du pays de Pount : myrrhe, encens, aromates, bois précieux, or, argent, pierreries pour le culte et le mobilier rituel »[118].

- Canaan : La malédiction de Noaḥ fut prononcée sur ce fils de Cham.

D'après les lettres d'El-Amarna datées du 15ème s., le pays de Canaan, qui était aussi celui des Amoréens était divisé en petits états gouvernés par des roitelets sous la suzeraineté de l'Egypte. Le pays s'étendait du Liban jusqu'en Palestine en passant par la Phénicie et la Philistie[119]. Ce sont donc des populations pré-israélites ayant occupé le territoire à l'ouest du Jourdain. Mais les Cananéens ne furent pas les premiers occupants de ce vaste territoire, car selon la Bible, les plus anciens habitants furent les Rephaïm, les Anakim, les Einim et les Souzamim. Parmi les fils de Canaan, on note Heth qui est l'ancêtre des Hébreux.

Ce chapitre est consacré à la descendance de Noé jusqu'à Abram. C'est ce qu'on appelle les engendrements (תּוֹלְדֹת *tol^{e}dôth*). Le tableau ci-après nous aidera à lire les différents noms qui y sont repris.

---

[118] L. PIROT & A. CLAMER, *op. cit.*, p.209.
[119] *Ibidem*.

Première génération :

Descendants de Japhet	Descendants de Cham	Descendants de Sem
Gomer, Magog, Mdaï, Yavân, Toubal, Mèshek, Tirâs	Koush, Mitsraïm, Poush, Canaan, Nimrod	Le père de tous les fils d'Eber (non cité), Elam, Assour, Arpakshad, Loud, Aram

Deuxième génération

Descendants de Gomer : Aschkenaz, Riphat et Togarma	Descendants de Koush : Saba, Havila, Sabta, Raema et Sabteca	Descendants d'Aram : Uts, Hul, Guéter et Masch
Descendants de Yâvan : Elischa, Tarsis, Kittim et Dodanîm	Descendants de Mitsraïm : Les Ludim, les Anamim, les Lehabim, les Naphtuhim, les Patrusim (ancêtres des Philistins), les Caphtorim	Descendants d'Arpakshad : Schélach
	Descendants de Canaan : Sidon, Heth, les Amoréens, les Guirgasiens, les Héviens, les Arkiens, les Siniens, les Arvadiens, les Tsemariens, les Hamathiens	

Après la longue énumération de la descendance des fils de Noé à travers les trente premiers versets, on voit (v.31-32) une précision intéressante sur l'origine de clans, de langues et des nations. Ces derniers versets servent de transition à l'histoire qui est racontée au chapitre 10.

Chapitre 11
LA TOUR DE BABEL

Le récit de ce chapitre concerne la manière dont Dieu considère l'orgueil de l'homme. Il le condamne simplement car il ne le tolère pas devant sa face. Le progrès matériel conduit l'homme à chercher à se passer de son Créateur.

Dès qu'il se rend compte d'une certaine réussite quelque part, il oublie Dieu et cherche à faire toute chose selon sa propre folie.

11.1. L'origine des langues et des peuples

A travers l'introduction (v.1-2), nous lisons la volonté des hommes de vivre en communauté. Ceci était facilité par l'usage d'une langue commune (שָׂפָה אֶחָת *saphah 'èḥath*) avec possibilité de parler aussi un même langage : « *La terre entière se servait de la même langue et des mêmes mots* » (TOB). Lorsqu'ils émigrent vers l'Est, ils découvrent une vaste plaine où ils vont s'établir en vue de réaliser un rêve fou : construire une ville et une tour dont le sommet atteigne le ciel[120]. Cette idée fait penser à une civilisation urbaine. D'ailleurs, les matériaux qu'ils vont utiliser témoignent de la solidité des bâtiments à construire. Ces hommes avaient oublié la mission que Dieu avait confiée à leurs ancêtres, celle de refaire la vie sur la terre déchue et dépeuplée après le déluge (cf. 9,1). Bien au contraire, dans leur souci de rester au même endroit pour bien dominer, ils cherchent à se faire une réputation (v.4). C'est en fait une véritable déclaration de guerre au Dieu du ciel et de la terre. En pareilles circonstances, l'homme pense se cache et échapper au contrôle de Dieu.

11.2. Quand Dieu confond l'orgueil de l'homme

Dieu va confondre l'humanité. Il y a ici réminiscence de l'époque de Noé où les contemporains du patriarche ne faisaient aucun cas de Dieu. L'histoire semble se répéter car le péché se consomme aux différentes époques. Aujourd'hui encore, les humains continuent à se construire des tours. Il suffit de penser à la folie de l'homme moderne de chercher à explorer des planètes différentes de la terre en vue d'y découvrir des traces de vie. Ces derniers temps, Européens et Américains et Asiatiques (Chinois, Japonais) se battent pour explorer la planète

---

[120] L'idée de construire une ville n'est pas condamnable en soi, mais lorsqu'on envisage de monter au ciel par ses propres moyens, ceci traduit un orgueil et une arrogance face au Créateur qui se voit ainsi offensé. Le texte ne donne aucune précision sur le nom de cette langue primitive. Aussi, doit-on éviter de perdre du temps à chercher à tout prix un nom à lui donner.

Mars. La course des robots en est l'illustration la plus concrète. Et les Américains envisagent même de maintenir un monopole sur Mars, Jupiter ou autres planètes. Ce sont là des « tours » qui doivent nous faire revenir à la cité de Babel.

Le v.5 utilise un langage théophanique[121]. Dieu ne se laisse pas impressionner par l'homme qui n'est que chair. Il sait que la folie de l'homme ne l'emportera pas. Voilà pourquoi il intervient sans tarder. Selon le v.6, la raison de cette folie humaine se trouve dans le fait que tous parlaient la même langue. La Bible ne précise pas le nom de cette langue, et il n'est pas nécessaire de spéculer là-dessus. Dieu se rend compte que s'il laissait les humains dans leur folie de grandeur, ils risqueraient d'entreprendre des projets sans mesure.
Au v.7, nous sommes une fois de plus en présence d'un langage de majesté (cf. 1,27). Le Seigneur, Dieu de l'univers, juge l'arrogance des humains en confondant leur langage et en les expulsant de Babel afin qu'ils se dispersent sur toute la face de la terre. Dès lors, le projet fut abandonné (v.8b). La ville fut appelée Babel, un nom qui signifie : confondre, brouiller (de la racine hébraïque בלל *Bâlal*)[122]. Babel est d'ailleurs l'appellation pour désigner Babylone. Pourtant, cette confusion ne doit pas être vue simplement sous un aspect négatif. Ch. Rochedieu dira à juste titre : « *Si humiliant que soit ce châtiment, et si riche en conséquences pénibles, il n'a pas été sans porter certains fruits excellents, tels qu'un enrichissement considérable pour la pensée, chaque langue ayant ses beautés, ses particularités utiles, ses possibilités, chaque littérature son caractère propre et ses richesses spéciales* »[123]. L'occasion était ainsi donnée à la race humaine de chercher à s'enrichir par les particularités des autres.

Si Babel a été la grande confusion, la Pentecôte (cf. Actes 2) constituera une merveilleuse occasion pour les peuples de la terre de s'unir, car « chacun les entendait dans sa propre langue ». Ainsi, la confusion a cédé la place à la compréhension. Aujourd'hui, les humains cherchent à restaurer la « tour de Babel » par des unions. Et l'on justifie cela par la nécessité de faire du monde un village, le fameux « village planétaire ».

---

[121] Les théophanies sont des apparitions de Dieu. P.ex. (v.5) : « *YHWH descendit (sur la terre) pour voir la ville ainsi que la tour que bâtissaient les hommes (fils d'Adam)* ».
[122] Au v.9, les deux termes apparaissent : *Babel* (Nom de la ville) & *Balal* (confondre, brouiller). Dans ces conditions, le nom de la ville semble provenir d'une racine verbale différente. Le but de récit consiste à mettre en exergue l'arrogance humaine qui conduit à une grande confusion provoquée par YHWH lui-même.
[123] *op. cit.*, p. 41.

La confusion est telle que même au niveau de ce qu'on appelle « les religions », la tendance est à des unions contre nature. Dans cet esprit, un véritable danger guète l'humanité et qui prend plusieurs formes : sécularisation, anglophonisation, religion mondiale, globalisation ; etc. Tout ce qui touche au pouvoir de Dieu dérange ; l'homme veut être le seul maître de son destin.

Bref, l'intelligence de l'homme moderne le pousse à ne pas laisser de place à Dieu. Il y a lieu de redouter la survenue d'une nouvelle confusion. Ce que dit le psalmiste est susceptible d'interpeler l'homme moderne : « *Arrêtez, et sachez que je suis Dieu : Je domine sur les nations, je domine sur la terre* » (Ps 46,11).

11.3. Les origines d'Abram

Les v.10-32 reviennent sur les engendrements de Noé. Ces différents versets pourraient être rattachés au chapitre 10. Ce n'est qu'à la fin du chapitre 11 que l'on comprend la place de ces versets : il s'agit de présenter un homme dont la foi sera un modèle pour toutes les nations de la terre : Abram. Reprenons tout de même la liste de ces engendrements qui nous conduiront à l'ancêtre d'Israël. Nous pouvons reprendre notre tableau :

NOM	PERE	AGE
Sem	Noé	600 ans
Arpakshad	Sem	438
Shèlah	Arpakshad	433
Eber	Shèlah	464
Pèleg	Eber	239
Réou	Pèleg	239
Seroug	Réou	230
Naḥor	Seroug	148
Tèraḥ	Naḥor	200
Abram	Tèraḥ	-

Le v.24 nous introduit dans la proximité de la famille d'Abram dont l'histoire, qui va jusqu'au chapitre 25, occupe une place de choix. Le grand-père d'Abram se nomme Naḥor (v.24), mais les v.26-27 disent que Naḥor fut fils de Tèraḥ, donc frère d'Abram.

La critique voit dans ces versets une interprétation du récit dit « yahviste », en opposition avec la tradition « sacerdotale » (cf. v.23-24). Il n'est pas exclu qu'un petit fils porte le nom de son grand-père. Cette interprétation va dans le sens des prochains textes (24,15). Il peut donc s'agir de deux personnes différentes. Abram naît quand son père atteint l'âge de soixante-dix ans. Il est l'aîné d'une famille de trois enfants (seuls les garçons sont cités au v.26).

Le v.27 débute par une présentation solennelle : « *Voici la famille de Tèraḥ* » (*W^e'élèh tôl^{e}dôth Tèraḥ*). Ainsi, les histoires qui vont suivre tourneront autour de ses descendants : Abram, Saraï, Loth sont mis en exergue dans le récit qui débute au chapitre 12.

Ce premier schéma peut être ainsi représenté :

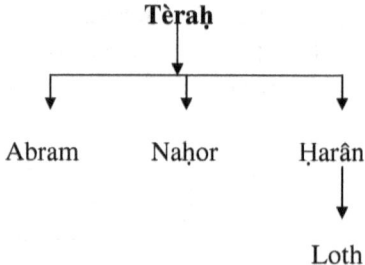

De plus, le texte parle de la brièveté de la vie de Ḥarân, père de Loth (v.28), avec une précision sur le lieu de sa mort qui est aussi celui de sa naissance, à savoir Our et Chaldée (*'Our Kasdîm*). C'est de là que partira Abram pour aller à la conquête de nouvelles terres.

Une autre information concerne les épouses (v.29) : d'Abram épouse Saraï tandis que son frère Naḥor, Milka. Cette dernière est une nièce à Naḥor et Abram car elle est la fille à Ḥarân. Quant à Saraï, le récit précise seulement qu'elle était stérile, comme pour annoncer anticipativement les événements relatifs au pèlerinage d'Abram (v.30). Mais en 20,12 Abram l'appellera sa sœur, fille de son père, donc sa demi-sœur.

Le pays de Canaan deviendra plus tard une terre hostile vis-à-vis des descendants d'Abram. S'agissant d'Ḥarân, il se situe aux abords de l'Euphrate, en Mésopotamie. Enfin, le v.32 donne l'âge de Tèraḥ à sa mort. Il a eu une longévité moyenne, soit deux-cents ans.

SECTION V
HISTOIRE D'ABRAM (ABRAHAM), Chap. 12-24

Ces différents chapitres donnent un aperçu de l'histoire du Patriarche depuis son appel par Dieu jusqu'à son établissement en terre cananéenne, la terre de la promesse.

Chapitre 12
« LÈVE-TOI, PARS D'ICI », *Lèkh^e-L^{e}kha* (לֶךְ־לְךָ)

Ici commence le récit de la vocation d'Abram. Avec ce chapitre, nous entrons dans le domaine proprement dit de l'histoire humaine[124]. Pourtant, ce n'est pas le domaine de l'histoire qui intéresse la Bible en priorité, mais le pèlerinage qui conduira le Patriarche sur le terrain de la foi en Dieu. Comme le souligne si bien Bruce FEILER, « *Abraham n'est ni sédentaire ni nomade. Il est une combinaison. Il incarne, par son éducation, le message qu'il va personnifier : l'éternel étranger en terre étrangère, l'intrus qui rêve d'être l'intime, le sans terre qui aspire à posséder le sol, le pieux qui trouve en Dieu un palliatif à son interminable douleur de vivre* »[125]. Dans ce récit, il y a d'une part, l'ordre donné par Dieu, et de l'autre, l'obéissance d'Abram qui sont mis en exergue[126].

Dans un environnement polythéiste, il lui a fallu une oreille attentive pour entendre la voix du Dieu Unique. La famille du patriarche est présentée comme étant monothéiste, autrement il n'était pas facile de quitter sa terre natale pour une destination inconnue. Abram devait expérimenter quelque chose de très spécial : accepter d'aller vers l'inconnu. Dieu lui demande de tout quitter (son pays et sa terre natale, la maison parentale) pour un lieu connu du Seigneur seul.

---

[124] Depuis 11,10, nous sommes en présence de textes historiques. C'est donc la deuxième partie du livre de la Genèse que nous entamons.
[125] B. FEILER, *Abraham : Voyage aux sources de la foi*, Paris, Presses de la Renaissance, 2006, p. 33.
[126] Le titre donné à ce chapitre par le TM (Edition bilingue) est très significatif : לֶךְ־לְךָ (*Lèkh^e-L^{e}kha*), que nous pouvons traduire par : « Va-t-en ! », « Pars ! », « Quitte ! ». Cette expression traduit l'ordre de Dieu à Abram et va concerner les chapitres suivants (13-17).

Mais cet ordre est assorti d'une promesse : Dieu veut faire d'Abram une grande nation; il veut le bénir abondamment; il veut rendre son nom glorieux sur la terre.

12.1. Les promesses de Dieu

Toutes ces expressions qui accompagnent les différentes promesses méritent une attention particulière.

« Je ferai de toi une grande nation » : (וְאֶעֶשְׂךָ לְגוֹי גָּדוֹל: V^e 'è 'ès^{e}kha l^{e}gôy gadôl) : Abram ne pose aucune question car il sait que Dieu ne peut pas mal orienter quelqu'un. Même sans connaître les conditions de vie dans ce nouveau lieu, il obéit. Ce qui compte pour Dieu, c'est l'obéissance. L'homme peut ne pas savoir où il va, mais il triomphe des épreuves dans la mesure où il pourra compter sur son Seigneur. Et dans le cas d'Abram, la promesse de bénédiction est plus importante que le voyage. Il avait les yeux fixés sur la promesse et non sur le lieu inconnu[127]. Même si Abram ne voit pas encore clair sur le lieu de sa destination finale, il suit les instructions de Dieu. Il ne s'attache pas aux acquis mais s'élance vers l'inconnu, comptant sur le Dieu dont il a entendu la voix. Il a compris une chose : C'est dans les déplacements que Dieu bénit. Un pas dans l'obéissance = un pas sur le chemin de la bénédiction. Puisqu'il a bien entendu la voix du Seigneur, il obéit et avance par la foi. Nous pouvons ne pas toujours comprendre le choix de Dieu, mais ce qui compte c'est d'avancer en comptant sur lui. Abram pouvait bien demander au Seigneur de lui donner toutes les garanties, c'est-à-dire savoir où il doit aller, mais il ne le fait pas car il sait que ce Dieu qui l'a appelé par son nom saura le guider sans faille.

Si l'Alliance noachique a été celle du renouvellement de la vie sur terre, celle avec Abram constitue un point de départ sur l'unité des nations dispersées après la folie de Babel. Dieu tient à fonder par Abram une seule famille qui sera celle de l'humanité. D'ailleurs Abram va faire exception car par son obéissance il est devenu le père de tous les croyants. La grande nation dont il est question est celle d'Israël appelée à devenir la lumière des nations.

---

[127] Peu avant sa lapidation, Etienne a rappelé au Sanhédrin l'essentiel de l'histoire du salut en partant justement par l'appel d'Abraham (cf. Actes 7).

« **Je te bénirai** » : Le verbe ברך *Barak* (bénir) est l'un des plus précieux dans l'Ancien Testament. Et quand c'est Dieu qui bénit, il y a de quoi se réjouir. Il bénit l'homme et tout ce qui lui appartient : progéniture, avoirs divers... Dieu bénira, à cause de l'obéissance d'Abram, toutes les nations de la terre. Et la grande bénédiction concerne sa descendance qui sera comme les étoiles du ciel et comme le sable qui est sur le bord de la mer.

Une fois de plus, Abram devra accepter la promesse de bénédiction sans savoir comment cela devra se réaliser. Pourtant, sur le plan purement humain il y avait de quoi s'inquiéter, sachant surtout que Saraï sa femme était stérile[128]. Avec qui Abram devait-il accomplir ce dessein divin ? La réponse est dans la confiance, on dirait même une foi «aveugle», qu'Abram place en son Dieu. Il a bien entendu la voix du Seigneur et il a cru à sa fidélité.

« **Je rendrai ton nom grand et tu seras une source de bénédiction** » : (וַאֲגַדְּלָה שְׁמֶךָ וֶהְיֵה בְּרָכָה : *va'agadlah sh^{e}mèkha vèh^{e}yéh b^{e}rak^{h}ah*) : Rendre grand le nom de quelqu'un c'est l'élever, le glorifier. Dieu n'attend pas la réponse d'Abram car il sait d'avance quel type est cet homme hors du commun. Il lui fait de glorieuses promesses dans l'espoir que cela lui suffirait pour ne pas dire non. Or, les humains ont souvent dit non à Dieu malgré toutes les promesses de bénédiction qui accompagnent l'appel à le servir. Dieu va élever Abram pour que toutes les nations de la terre le reconnaissent comme le seul Véritable. C'est d'ailleurs ce que dit l'expression « *tu seras une source de bénédiction* » (L. Segond). Abram sait à quoi s'en tenir. Il va assumer une lourde responsabilité vis-à-vis d'autres humains, en tout lieu que fouleront ses pieds.

« **Je bénirai ceux qui te béniront, et je maudirai ceux qui te maudiront** » : (וַאֲבָרֲכָה מְבָרְכֶיךָ וּמְקַלֶּלְךָ אָאֹר, *va'abhar^{e}khah m^{e}bhar^{e}khèkh^a oum^{e}qallèl^{e}kh^a 'a'or*). Le couple ברך *barak* (bénir) – קלל *qalal* (maudire = verbe géminé) se présente comme un gage de YHWH lui-même. Il promet la bénédiction à ceux qui béniront Abram (et sa descendance) ; il va maudire quiconque maudirait le Patriarche. Dieu ne va pas se tromper au point de bénir ceux qui maudiront et de maudire ceux qui béniront Abram. Il sera plutôt le Vengeur de l'homme de son choix. Bénir, c'est accorder toutes sortes de bienfaits à quelqu'un ; maudire,

---

[128] Le v.30 du chapitre 11 mettait déjà en exergue tout ce qui, pour un homme marié, pouvait être un sujet de grande inquiétude : « *Saraï était stérile : elle n'avait point d'enfants* ».

c'est lui donner ce qui pourra lui imposer la souffrance[129]. Abram pourra donc être confiant car Dieu prend en mains sa cause.

« **Toutes les familles de la terre** כֹּל מִשְׁפְּחֹת הָאֲדָמָה (*kol mishp^eḥôth ha'adamah*) **seront bénies en toi** » : Abram sait qu'il n'est pas un individu isolé, mais qu'il appartient à l'humanité. Les bénédictions qui lui sont promises pourront donc être partagées avec des gens de tous bords, les connus comme les inconnus.
Ce verset montre que le monde est une même famille, que les humains ont tous Dieu comme Père. Nous appartenons tous à la race humaine. Voilà une conception qui pourra faire changer des mentalités afin que les hommes puissent vivre comme des héritiers des promesses de bénédiction faites à Abram.

A travers ces trois premiers versets, Dieu seul était en action. C'est lui qui appelle Abram et lui demande de tout quitter pour aller dans un lieu inconnu. A partir du v.4 nous lisons la promptitude d'Abram. Il a entendu Dieu l'appeler par son nom et il a reçu tout le message de bénédiction avec foi. Maintenant il se lève, prend son neveu Lot et Saraï sa femme, quitte Charan pour aller là où Dieu l'envoie. Le v.4 donne l'âge d'Abram quand il part de chez lui. A soixante-quinze ans, il doit être fatigué car la vieillesse est déjà là. Mais il sait que Dieu va renouveler ses forces pendant ce pèlerinage.

12.2. Abram se débrouille seul

Accompagnés de nombreux serviteurs, Abram et les siens vont émigrer dans le pays de Canaan (v.4-5). Ici commence une véritable aventure, avec Dieu comme Guide. Abram fait exactement ce que Dieu lui a ordonné (v.4). C'est là un modèle d'obéissance ; il faut apprendre à faire la volonté de Dieu sans chercher à modifier les choses. Abram sait qu'il ne va pas se perdre car celui qui lui a demandé de tout quitter sera aussi le point d'arrivée. Dans ce nouveau territoire, Abram commence par parcourir le pays jusqu'à Sichem, une ancienne ville palestinienne, pour arriver aux chênes de Moré[130].

---

[129] Les exemples de bénédiction sont légion : Dieu donne la santé, la vie abondante, la longévité, le bonheur... il assure la protection à ceux qui lui sont soumis. Par contre, il laisse les révoltés, les ingrats, les vantards... dans leur folie. C'est déjà pour tous ceux là le jugement qui s'accomplit dès ici bas (cf. Rm 4,11.16.23-25 et Ga 3,6-9).
[130] La ville de Naplouse est bâtie sur les ruines de Sichem. Quant aux chênes de Moré, c'est là que les Cananéens avaient construit un sanctuaire où ils célébraient le culte aux devins. Le terme « Moré » veut probablement dire « devin ».

Ici les choses se précisent davantage pour Abram. Il va entendre la voix de Dieu qui lui donne de nouvelles précisions. C'est que le pays qu'il découvre est bien celui que Dieu lui confie. La promesse est plus claire encore : « *Je donnerai ce pays à ta descendance* » (v.7).

Jusque-là Abram n'est pas préoccupé par la manière dont toutes ces promesses vont se réaliser. Il reçoit simplement le message, puis avance par la foi. Il a cru avant de voir[131]. En reconnaissance au Seigneur, il bâtit un autel à l'endroit où Dieu lui est apparu[132]. Ce signe est un véritable défi lancé aux Cananéens qui étaient idolâtres. Désormais, le Vrai Dieu est celui d'Abram.

Dans la suite, on voit le Patriarche se déplacer vers les montagnes situées à l'Est de Béthel[133] (v.8). De là, il se dirige vers le Néguev (le Midi, donc le Sud). Ce sera un territoire aride. Le but de tous ces déplacements était d'explorer le pays et de voir comment remplacer les images des Cananéens par le culte du Vrai Dieu. Abram joue le rôle d'Ambassadeur de YHWH. Il inspecte les lieux comme un véritable propriétaire. Mais pour arriver à s'emparer des villes, il doit parfois combattre.

Les v.10ss décrivent une situation qui s'est produite dans le pays de Canaan, et qui a provoqué un exode vers l'Egypte (מִצְרַיְמָה *Mitsraïm / Mitsraymah*). Il s'agit de la famine qui sévissait en Canaan. Abram et les siens vont être éprouvés car ils n'ont jamais vécu pareille situation. Ils ont oublié que le territoire où ils se retrouvent est aride (Néguev = sec). Alors, sur décision du Patriarche, ils se rendent au pays de Pharaon. Avant l'entrée sur le territoire égyptien, Abram imagine un mensonge qu'il veut utiliser pour s'échapper de la curiosité des Egyptiens qu'il croit être des gens malhonnêtes. Il est inquiet de ce qu'il pourrait bien lui arriver si jamais les Egyptiens le voyaient en compagnie d'une femme très belle de figure (v.11). Il demande à Saraï de faire une déclaration contraire à la réalité. Certes, cette dernière était sa demi-sœur comme nous le lisons en 20,12, mais ce n'est pas en cette qualité qu'ils sont ensemble.

---

[131] Dans le N.T., (Jn 20,19), Jésus reproche à Thomas son manque de foi car il avait cherché à voir le Seigneur ressuscité et à le toucher de ses propres mains avant de croire. La foi procède justement du contraire. Pour paraphraser la remarque de Jésus à son disciple, si c'était du temps d'Abram, il aurait pu lui dire : « *Bienheureux es-tu, car tu as cru avant d'avoir vu* » !
[132] C'est de cette manière que le Patriarche exprime sa reconnaissance à Dieu. Les endroits qui racontent une histoire sont marqués de cette manière ; ils deviennent des lieux de culte. Mais les lieux eux-mêmes ne sont pas vénérés. On y adore le Dieu Saint. Avant de s'installer dans des lieux nouveaux, Abram élève un autel à YHWH car sa vie dépend de son Dieu.
[133] « Béthel » signifie « Maison de Dieu » (*Beth - El*). Avant l'arrivée d'Abram, Béthel était un des lieux sacrés des Cananéens et qui s'appelait Luz. Abram adore Dieu dans de tels sanctuaires qu'il transforme en Maison de YHWH. C'est tout un symbole.

L'astuce d'Abram consiste à ne pas se faire reconnaître comme le mari de cette femme au visage gracieux (v.13 : « *Dis, je te prie, que tu es ma sœur ; et je serai heureux par toi, car j'aurai, grâce à toi, la vie sauve* », TM, Ed. bilingue).
Abram n'a pas la prétention d'être un plus qu'homme ; il est simplement un être de chair. Par ce mensonge, il témoigne de son inquiétude devant des situations qu'il redoute. Il n'a pas oublié le Dieu de la promesse, mais il a pensé se débrouiller face à la famine qui sévissait en Canaan. Sa foi en Dieu vient de subir un passage à vide. Il ne demande même pas la volonté de ce Dieu qu'il a pourtant invoqué çà et là. Alors il va subir un grand test.

N'ayant rien demandé au Seigneur, il trouve facilement l'astuce qu'il faut en se faisant passer pour un véritable frère à Saraï. Et ce qu'il a redouté s'est produit comme il l'avait imaginé (v.14-15). C'est comme si les Egyptiens n'attendaient que cette occasion pour sauter dessus. Ils remarquent une femme très belle, puis ils vont la vanter auprès de Pharaon. Abram ne résiste pas lorsque ces gens viennent lui arracher la femme. Il ne le peut même pas de peur que la dissimulation ne soit découverte. Il laisse faire simplement. D'ailleurs, son plan est sur le point de réussir car il avait espéré être traité avec honneurs à cause de Saraï (v.16). Il est choyé, car il reçoit du menu et du gros bétail, des ânes, des ânesses et des chameaux. En plus, les Egyptiens vont lui donner des esclaves (mâles et femelles) afin qu'ils soient à son service (v.16)[134]. Mais Abram a-t-il pour autant été en paix ? Que pensait Saraï pendant ce temps de séparation voulu par son propre mari ?

Le v.17 dit que Dieu inflige des plaies terribles à Pharaon et à sa maison. Le roi d'Egypte n'y comprend rien. Il ne semble rien se reprocher car il n'a pas pris la femme d'Abram, mais sa « sœur ». La leçon est la suivante : Dieu soutient toujours ses élus et ce, malgré les fautes qu'ils pourraient avoir commis. Abram a bénéficié de la grâce du Seigneur, et il ne peut pas être abandonné. Qu'il est difficile de saisir le plan de Dieu ! La protection d'Abram est assurée malgré son mensonge. Dieu ne s'attarde pas à la faute de son serviteur, mais il le rassure sans pour autant approuver le péché commis[135].

---

[134] Agar faisait sans doute partie des esclaves acquis par Abram en Egypte.
[135] Les serviteurs de YHWH sont ses oints. Leur choix ne dépend nullement de leurs mérites, mais de la grâce de Dieu (cf. Es 41,9-10 ; 42,1 ; Za 2,8). Un autre texte dit : « *Ne touchez pas à mes oints* (messies = *Mashaḥ.*) », Ps 105,15. Ils sont donc des « intouchables » car ils sont choisis par le Seigneur de l'univers lui-même (cf. Gn 23,6).

Dans son courroux, le Pharaon fait convoquer Abram et demande qu'on l'expulse d'Egypte (v.18-20). Il ne cherche pas à récupérer ce qu'il avait donné à l'étranger. Pourtant, il pouvait bien le faire, surtout qu'il n'a pas apprécié la ruse du patriarche. Le texte ne dit rien à propos d'une éventuelle réaction d'Abram. Tout ce que nous pouvons imaginer, c'est qu'il était confus d'avoir menti et surtout d'avoir oublié que Dieu était toujours son guide et son pourvoyeur.

En même temps, il doit se sentir humilié d'avoir été chassé d'Egypte. Il aura compris que le mensonge ne peut payer que la confusion. Mais il n'est pas au bout de ses peines car d'autres épreuves se présenteront encore sur sa route.

Chapitre 13
CHOISIS OÙ TU VEUX ALLER !

Le séjour égyptien d'Abram et sa suite aura été de très courte durée. Chassés du pays de Pharaon, ils vont retourner en Canaan, s'acheminant vers le sud (Néguev). Au plan matériel, ils n'ont rien à redouter car ils ont été comblés de biens en Egypte. C'est ce que souligne le v.2 où il est aussi question d'argent et d'or. Abram a bien compris la leçon ; il retourne à Béthel pour adorer son Dieu et lui présenter des sacrifices. C'était pour lui une manière de reconnaître sa culpabilité. Abram ne se révolte pas d'avoir été expulsé d'Egypte. Bien au contraire, il accepte cette situation et tient à aller de l'avant avec le Seigneur (v.4). Il est aussi dit que Loth avait du menu et du gros bétail (v.5). Cette parenthèse sert à souligner par anticipation ce qui va se produire dans la suite. Comme le pâturage commençait à faire défaut, un conflit éclata entre les bergers d'Abram et ceux de son neveu Loth (v.6-7). Or, on le sait, de telles querelles risquent d'affecter les relations familiales. Abram le comprend bien car il a plus d'expérience que Loth. D'où, il prend le premier l'initiative. Il parle à son neveu avec affection, et pour éviter le pire, lui propose une séparation. Il s'agit d'une décision radicale destinée à créer les conditions de paix car deux camps venaient de se former (v.8). Abram veut sauvegarder la fraternité[136]. Il propose à son neveu d'être le premier à choisir où il veut s'installer. Quant à lui, il acceptera d'aller dans le sens inverse de son neveu (v.9). C'est là un signe d'humilité, mais non de faiblesse.

---

[136] Le terme אח '*aḥ* (frère) est utilisé au v.8 pour désigner les relations entre Abram et Loth (le premier est plutôt l'oncle du second). C'est une manière d'exprimer les relations filiales.

Abram et Loth
Dessin d'Aminata BELET MATENDO

Le v.10 précise que Loth n'a pensé qu'à lui même et à ses biens dans son choix. Il ne semble pas avoir eu suffisamment d'expérience de la foi en Dieu, autrement il aurait pu faire priorité à son oncle. Ses yeux étaient aveuglés par la beauté de la plaine du Jourdain qui était entièrement irriguée. A cette époque, les villes de Sodome et de Gomorrhe bénéficiaient de la richesse de cette plaine qui s'étendait jusqu'à Tsoar. C'est là que Loth décida de s'installer (v.11). Ce choix souverain de Loth a donné la possibilité à Abram de dresser ses tentes dans le pays de Canaan. C'est là qu'il va attendre les directives du Seigneur. Quant à Loth, il va s'installer au milieu de la ville impie de Sodome (v.12b). Le v. 13 parle à juste titre de la situation de perversité morale et spirituelle dans laquelle étaient plongés les habitants de cette ville. La suite de l'histoire de Loth dépendra de ce choix qu'il a lui-même fait. De même, Abram devra expérimenter les grâces de Dieu, au point que ce sera lui qui sauvera son neveu d'une mort certaine (cf. ch.14).

De son côté, Abram va apprendre à dépendre de son Dieu. Il entend encore sa voix et comprend que le Seigneur accomplit toujours ses promesses : « *Lève les yeux... regarde...* » (v.14). C'est par ces mots que Dieu attire l'attention de son serviteur. « Lever les yeux », c'est apprendre à regarder plus haut, plus loin, c'est accepter de ne plus être le même. Abram devra aller de l'avant ; il lui est demandé de promener ses regards pour pouvoir contempler la beauté du territoire où il va s'installer. Et la promesse concerne également toute sa descendance comme nous l'avons vu en 12,2.7 ; ceci confirme le projet de Dieu d'élever Abram.

Concernant justement la descendance du Patriarche, elle est comparée à la poussière de la terre qu'on ne peut compter (v.16). Abram n'a aucune idée de la manière dont le Seigneur va accomplir ses promesses, mais il a confiance en lui sachant que Dieu ne peut se renier lui-même. Au v.17, il est une fois de plus question du don de Dieu. Le verbe « donner » (נתן, nat^han) revient souvent dans ces promesses de bénédiction : « Je donnerai ». Même si ce verbe est au futur, son sens est plutôt un présent. Quand Dieu dit qu'il donnera, c'est qu'il donne déjà car sa parole crée la vie et le mouvement. Abram devra avancer par la foi ; c'est un élan important. Il va s'installer parmi les chênes de Mamré aux environ de la ville d'Hébron, mais va continuer de vivre sous des tentes. Et le geste qu'il fait en dressant un autel à l'Eternel démontre combien Abram s'attache à son Dieu.

Chapitre 14
ABRAM DÉFEND LA CAUSE DE LOT

Nous pouvons diviser ce chapitre en quatre petites unités : v.1-11; 12-16; et 18-20 et 21-24. Le v.17 se rallie à la dernière unité. Dans la première unité, il est question d'armée de coalition qui se confronte. Et Loth y est présenté comme une victime car il sera fait prisonnier à titre de butin de guerre. La deuxième unité mentionne la victoire d'Abram sur ces armées. S'agissant de la troisième unité, elle parle de la rencontre du patriarche avec Melchisédek, roi de Salem. Enfin, la dernière unité parle de la rencontre avec le roi de Sodome.

14.1. Malgré la séparation, Abram n'abandonne pas son neveu

Voici comment se présentent les armées (cf. les rois qui les représentent):
A ⟶ Amraphel (roi de Schinear) + Arjoc (roi d'Ellasar) + Kerdolaomer (roi d'Elam) + Tidéal (roi de Goïm)
B ⟶ Bèra (roi de Sodome) + Birsha (roi de Gomorrhe) + Shinéav (roi de Tséboïm) + Roi de Bèla (Tsoar)
Cinq contre quatre et quatre contre cinq (cf. v.9). Les rois de l'équipe B s'étaient révoltés contre l'hégémonie du roi d'Elam. Ils en avaient assez de la domination de Kerdolaomer qui a trop duré (douze ans de servitude). S'étant assemblés dans la vallée de la Mer Morte (v.3), ils ont manifesté leur mécontentement dès la treizième année.

Il n'est pas toujours facile de dominer sur des populations que l'on croit faibles. La révolte devient dans ce cas la seule manière de combattre l'hégémonie des gens qui se croient puissants. Pour mâter cette rébellion, Kerdolaomer rassembla ses alliés et ensemble ils vont organiser une expédition punitive[137]. Ils vont commencer par conquérir de nouveaux territoires et s'imposer par la force. Quant aux armées ennemies, elles seront mises en déroute. La débandade fut tellement grande que les rois des villes voisines (Sodome et Gomorrhe) tombent dans un puits couvert de bitume, alors que les autres rois et leurs suites prirent la fuite (v.10). Ici se joue la loi du plus fort. Kerdolaomer et ses alliés vont s'emparer des richesses des pays vaincus, spécialement celles de Sodome et Gomorrhe.

Le v.12 parle de Loth qui est tombé en embuscade. Lui qui n'avait rien à faire dans ce conflit est pris au piège. Après la séparation d'avec son protecteur Abram, Loth va passer des déboires en déboires. Il est pris comme un butin de guerre, avec ses biens. Il est traîné par les gens de Kerdolaomer sans savoir où ils l'emmènent. C'est comme cela que les choses fonctionnent dès que quelqu'un accomplit le projet de son cœur sans se référer au Seigneur. Tout sera pour lui comme la conséquence de son propre choix. Il ne reste que la grâce de Dieu pour Loth. Le fuyard qui vient annoncer la nouvelle de l'enlèvement de Loth est un bienfaiteur qui travaille dans l'ombre (v.13). Dieu l'utilise pour que son serviteur ne meure pas dans les mains des impies. Quand nous lisons cette histoire, il est intéressant de penser au rôle très positif joué par le fuyard du v.13. Cet homme pouvait bien s'en fuir et se diriger ailleurs sans que personne ne lui demande des comptes. Mais, il doit avoir été un homme de bien ; il est allé donner la nouvelle à Abram, probablement avec des mots tels que (nous paraphrasons) : « *Abram, ton neveu Lot a été enlevé par les gens de Kerdolaomer. Voici la direction qu'ils ont prise. Je t'en supplie, fais quelque chose pour le sauver de la main de ses gens* ». Soulignons le fait qu'Abram est appelé « l'Hébreu ». C'est la première mention de ce mot qui va désigner plus tard tout un peuple[138]. Du lieu où il se trouvait (près de la ville d'Hébron), v.14, Abram n'hésite pas un seul instant ; il accourt pour secourir Loth, oubliant les incidents de parcours[139]. On voit en cet homme le modèle d'un vrai serviteur de Dieu qui ne s'attarde pas sur le passé, mais qui pardonne et oublie.

---

[137] Les v.5b-6 citent des noms correspondent aux villes conquises lors des conquêtes de Kerdolaomer.
[138] C'est la raison pour laquelle Abram (Abraham) est le père du peuple hébreu (les Israélites). L'étymologie de ce mot proviendrait du nom d'un ancêtre du Patriarche nommé Hébér (cf. 10,25).
[139] Parfois, lorsqu'il est question d'Abram et de Loth, le lien de parenté est mis en exergue (cf. 12,5 ; 14,12). Ainsi, toute trahison ne doit qu'être mal perçue.

La promptitude avec laquelle le patriarche prend les choses en mains témoigne sa sagesse et son sens de responsabilité. Quelque soit ce qui est arrivé, il est prêt à jouer son rôle jusqu'au bout. Abram va constituer un commando pour une intervention d'urgence. Celui-ci se compose de trois cent dix huit (318) hommes de guerre. Aujourd'hui, nous parlerions de tireurs d'élite. En tant que stratège, Abram scinde son armée en équipes. Ils vont attaquer en pleine nuit, pendant que les autres, fatigués, se reposent. Les soldats de Kerdolaomer n'auront pas eu le temps de se servir de leurs armes comme il se doit ; ils sont attaqués et perdent le combat. Quant à Loth, il est sain et sauf. Abram et sa troupe récupèrent tout ce qui appartenait à son neveu. En plus, ils délivrent des femmes et des hommes de Sodome et Gomorrhe (v.15).

Il y a ici un enseignement fondamental : Le salut de Loth bénéficie à des personnes qui ne s'y attendaient pas. De la même manière, Dieu nous sauve et nous donne l'occasion de faire profiter aux autres notre salut. Nous pouvons imaginer combien ces personnes sauvées par l'armée d'Abram ont dû remercier le patriarche ainsi que son neveu. C'est cela la grâce. Nous ne faisons rien pour l'obtenir ; elle est simplement accordée par Dieu[140].

D'autre part, même s'il s'agit d'un récit de guerre, il y a lieu de souligner la bravoure d'Abram[141]. Il doit jouer pleinement le rôle qui lui est dévolu, car en lui toutes les familles de la terre sont bénies. Le fait de délivrer les gens de Sodome de la main des assaillants prouve que Dieu est entrain de confirmer son serviteur dans ce rôle de père de toutes les familles de la terre. Abram combat le mal et fait triompher le bien, donc la bonne cause. Il défend les faibles contre les puissants. C'est le rôle dévolu au Messie dans la Bible. Le récit n'appuie pas de thèse qui puisse justifier la guerre; il montre simplement combien le bien devra triompher du mal.

La deuxième partie de ce chapitre parle de la rencontre d'Abram avec un homme mystérieux, Melchisédech et avec le roi de Sodome, roi de Salem (v.17-24).

---

[140] Un exemple est donné en 2 Samuel 9, où il est question d'un descendant de Saül nommé Mephiboscheth (Mephibal), fils de Jonathan. Il est dit de lui qu'il était un homme effacé car perclus des pieds. Mais il a reçu la grâce de manger à la table du roi jusqu'à la fin de ses jours. Les chrétiens disent par exemple que tout est grâce (cf. Ep 2,1.4-7).
[141] C'est la première fois qu'il est question de guerre dans la Bible. Ceci montre qu'à cette époque, l'industrie d'armement était déjà en vogue à travers l'ancien Proche-Orient.

14.2. Abram rencontre Melchisédech

Au v.18, notre attention est attirée sur le nom de Melchisédech et sur l'appellation du Seigneur, Dieu Très-Haut (אֵל עֶלְיוֹן *'El-'Elyon*). Tout ce qui est dit de Melchisédech, c'est qu'il était roi de Salem (c'est-à-dire Jérusalem, la ville de paix שׁלום) et sacrificateur du Dieu Très-Haut. Il joue à la fois le rôle de prêtre et de souverain. Comme prêtre, il fait des sacrifices, et comme roi, il rétablit la justice. D'ailleurs le nom hébreu מַלְכִּי־צֶדֶק (*Malki-tsèdèk*) signifie « roi de justice » ou « mon roi est juste ». L'homme ainsi désigné est une figure du Messie car tout ce qu'il réalise ici fait penser à son œuvre : il est le roi rétablissant la justice (cf. Jr 23,6 : יהוה צדקנו *Adonaï tsidqénoû*); il apporte les deux symboles du sacrement de Sainte Cène : le pain et le vin לֶחֶם וָיָיִן (*lèḥèm vayyayin*), v.18)[142] ; il reçoit la dîme de la main d'Abram et en sa qualité de sacrificateur, il prononce la bénédiction. Les paroles qu'il prononce pour bénir Abram exaltent le Seigneur Dieu Créateur de l'univers, le Dieu souverainement élevé (אֵל עֶלְיוֹן *'El-'Elyon*)[143]. Melchisédech exalte ce Dieu qui accorde la victoire à ses élus. Abram ne pouvait jamais triompher de ses ennemis sans l'aide de Dieu. C'est pourquoi, il donne la dîme de tous ses avoirs[144].

Le roi de Sodome voulait sans doute remercier Abram d'avoir combattu ses ennemis et d'avoir triomphé d'eux[145]. Il procède par un marchandage, un marché à veut conclure avec Abram. Mais ce dernier ne cède pas à la tentation de suivre toutes ces propositions flatteuses. Abram jure par le nom de celui qui lui a donné la victoire, donc le Seigneur Dieu lui-même. Le roi de Sodome veut reprendre les hommes qui jadis étaient prisonniers de l'armée de Kerdolaomer en échange des biens. Le refus d'Abram de toucher à quoi que ce soit appartenant au roi de Sodome est motivé par le fait qu'il ne veut pas toucher à ce qui provient des gens qui ne connaissent pas Dieu. Il peut accepter cependant que les jeunes gens qui l'accompagnent reçoivent eux-mêmes chacun sa part de nourriture (v.24).

---

[142] Parlant de son corps qui devait être meurtri et de son sang qui allait couler pour expier le péché de l'humanité, le Seigneur Jésus a pris le pain et le vin. Et c'est ce que les chrétiens utilisent comme éléments pour célébrer la Cène, souvenir de la mort du Messie à la croix.

[143] Il y a ici une image de la montagne sacrée, là où l'on adore Dieu. Mais surtout, Dieu est présenté comme celui qui habite au sommet d'une très haute montagne. Il s'agit de l'élévation de ce Dieu dont on ne peut s'approcher si facilement.

[144] Ce geste de donner la dîme, c'est-à-dire le 1/10ème עֲשֵׂר (*'asér*), est un acte à la fois d'obéissance, de soumission et de reconnaissance à Dieu. En donnant la dîme, Abram confesse que tout ce qu'il dispose ne lui appartient pas, qu'il est un simple gestionnaire, et que Dieu seul est le propriétaire de toute chose.

[145] Pour une lecture facile des v.17-24, nous proposons la structure suivante : v. 18-20 (rencontre avec Melchisédech) ; v.17.21-24 (rencontre avec le roi de Sodome).

Ses motivations ne sont nullement égoïstes. Il veut faire toute chose pour la gloire de ce Dieu qui lui a promis de nombreuses bénédictions. Accepter les présents du roi de Sodome reviendrait à ne plus faire confiance à Dieu qui bénit même là où l'on ne s'y attend pas (v23b : « *Je ne prendrai rien de ce qui est à toi ; que tu ne dises pas : C'est moi qui ai enrichi Abram* », T.M, Ed. bilingue). Abram sait que s'il accepte de prendre des biens, il risque de se compromettre devant son Dieu. Il sait que Dieu seul va le combler, c'est-à-dire l'enrichir de ses bénédictions qui sont innombrables. Dans l'Ancien Testament, nous lisons des histoires où Dieu interdit à ses enfants de toucher aux choses dévouées par interdit[146]. Les serviteurs du Seigneur sont déclarés saints, et ils ne doivent pas se rendre impurs avec les choses provenant des milieux impurs.

Chapitre 15
L'ALLIANCE RENOUVELÉE

Avec ce chapitre s'ouvre un autre épisode de la vie d'Abram. Il s'agit du renouvellement de l'Alliance. Le Patriarche entretient une relation particulière avec Dieu, car il entend sa voix. Le fait d'avoir des visions montre justement qu'Abram était l'ami de Dieu[147]. Le message reçu va le réconforter après ses déboires avec des rois impies. Il n'a pas accepté l'offre du roi de Sodome car il ne veut pas compromettre sa foi. Dieu lui parle pour le rassurer que rien n'a changé dans son projet de le bénir et de bénir l'humanité à travers lui. « *Ne crains pas* » אַל־תִּירָא (*'al tira'*) : Sachant qu'Abram pourrait bien craindre les choses qu'il va endurer dans la suite de son pèlerinage, le Seigneur lui donne toutes les assurances par ces paroles combien réconfortantes. L'avenir étant dans les mains de Dieu, Abram n'a qu'à lui faire confiance. Lorsque quelqu'un tremble devant des ennemis, ceux-ci risquent d'avoir raison de lui.

15.1. La récompense promise

La deuxième partie de cette intervention du Seigneur concerne la récompense que le Patriarche aura grâce à sa foi : « *C'est moi ton bouclier ; ta solde sera considérablement accrue* » (TOB). Le langage utilisé ici relève du domaine

---

[146] Nous pouvons nous référer à la désobéissance d'Akan (Jos 7,2-26 ; 1 Ch 2,7), ou au jeune prophète qui n'avait pas fait la volonté de Dieu (il fut tué par un lion), 1 R 13,24-27.
[147] Le lieu de cette apparition divine n'est pas indiqué dans le récit. Cependant, l'expression « *Dieu apparut à Abraham dans une vision* » renvoie au langage prophétique. Ceci ne doit pas surprendre car le Patriarche est appelé « Prophète » נָבִיא *nab^{h}î'* (20,7), donc un homme de vision, un voyant (חזה *ḥozéh*).

militaire ; le bouclier (מָגֵן *mag^hén*) servant à se protéger contre les attaques de l'ennemi[148]. C'est une arme défensive que porte le combattant (cf. 1 S 17,7.41). Affirmer que Dieu est notre bouclier, c'est le reconnaître comme le seul vrai protecteur de ceux qui se confient en lui. Le bouclier devient ainsi un des titres du Dieu Très-Haut (cf. 2 S 22,3.31 ; Ps 84,12).

S'agissant de la solde (שְׂכָרְךָ *s^ekhar^ekh^a*, « ta récompense »), il s'agit du bénéfice promis à Abram si jamais il persévère dans sa confiance à Dieu. Il ne sera pas oublié, car ce Dieu qui lui a ordonné de tout quitter pour aller dans un pays étranger ne se renie pas lui-même. Il a lui promis une grande descendance, et cela s'accomplira suivant les temps de Dieu. Mais la réaction d'Abram montre combien il est inquiet au sujet de cette promesse. Il pense à son âge avancé et ne voit pas comment sa femme pourrait encore concevoir. Voilà pourquoi il rappelle à Dieu sa promesse de le bénir en faisant de lui une grande nation. Ainsi, au v.2, Abram réplique en disant ceci : « *Dieu-Eternel, que me donnerais-tu, alors que je m'en vais sans postérité, et que le fils adoptif de ma maison est un Damascénien, Eliézer ?* »[149] (TM, Ed. bilingue)

Nulle part ailleurs nous ne verrons le Patriarche se plaindre devant YHWH. L'expression וְאָנֹכִי הוֹלֵךְ עֲרִירִי, *w^eanok^hî hôléq 'arîrî* peut être traduite ainsi : « *Et moi je m'en vais dénué (sans avenir)* ». C'est clair qu'aux yeux d'Abraham il n'est pas acceptable qu'un étranger soit son héritier[150]. Ici se pose la question d'adoption. Dans le Proche-Orient ancien (cas de l'Assyrie), « *des personnes sans enfant pouvaient adopter un étranger, parfois même un esclave, pour assurer la subsistance de leurs vieux jours, les rites funéraires après la mort et la continuité de leur famille* »[151]. Ayant compris qu'un étranger risquait d'hériter de ses nombreux biens, Abram interpelle le Seigneur[152]. De quelle manière Dieu compte-t-il assurer la protection de son fidèle serviteur et comment la promesse d'une descendance nombreuse pourra-t-elle se réaliser au travers d'un étranger

---

[148] Dans Ep. 6,16, l'apôtre Paul recommande aux chrétiens de se servir de la foi en Christ comme un bouclier. C'est ce qui leur permettra de tenir ferme contre les attaques du diable. Pour sa part, l'apôtre Jean affirme que la victoire qui triomphe du monde, c'est la foi (cf. 1 Jn 5,4).
[149] Il est intéressant de remarquer que le verbe utilisé ici חלק peut se traduire, d'après le contexte, soit par « s'en aller, aller » soit par « quitter ce monde ». C'est ce dernier sens qui est usité dans ce verset.
[150] Notons le jeu de mots משק (Mèshèq = Possession, d'où Héritage) et דמשק (Dammaséq = Damascénien). Ce qui a fait traduire ce verset par « Le fils de la possession (le possesseur) de ma maison est Dammaséq Eliézer ». La LXX, prenant Mèsheq comme un nom propre, la rend par « *Le fils de Masék, mon esclave né à la maison, c'est Damas Eliézer* ». Quant à Vg, elle rend l'expression par « *Le fils du procureur de ma maison, c'est Damas Eliézer* ».
[151] L. PIROT & A. CLAMER, *op.cit.*, p. 263.
[152] Nous rendons l'expression אדני יהוה utilisée au v.2 par « *Seigneur Dieu* ».

qui, d'ailleurs, se profile comme le seul héritier ? Telle est la préoccupation du Patriarche. Son doute est fondé, car en tant qu'humain il lui est difficile de concevoir des choses qui dépassent largement son entendement. Pour lui, une telle récompense n'aura de la valeur que si elle est gérée par un héritier légitime, et non par un étranger. Au v.3, nous lisons une répétition de la même complainte comme pour insister sur le besoin du cœur (cf. 13,16). N'importe qui agirait de la sorte.

Il est intéressant de remarquer dans la réponse du Seigneur (v.4) un rappel à l'ordre. Dieu ne se renie pas lui-même ; ce qu'il a décidé de réaliser ne pourra être endigué ni par le temps qui passe ni par les circonstances. Sa promesse demeure irrévocable, et Abram devra en attendre la réalisation. Le Seigneur précise que sa pensée est tout à fait opposée à la conception d'Abram. Pour lui, l'héritier de la promesse est à venir. Ce sera un descendant direct du Patriarche, et non Eliézer même si ce dernier habite chez lui. Et pour lui redonner confiance en l'avenir, Dieu lui fait observer les petits luminaires, les étoiles (כּוֹכָבִים $kok^hab^hîm$) dans le ciel. Si Abram peut les compter, il pourra encore avoir raison de douter ; autrement, il devra mettre la main sur sa bouche et continuer à faire confiance à ce Dieu qui ne change pas (v.5). La promesse se précise : « *Comme les étoiles dans le ciel, telle sera ta descendance* ».

15.2. La foi d'Abram

Le v.6 dit qu'Abram eut foi en Dieu qui le lui imputa à justice, c'est-à-dire que le Seigneur le déclare juste[153]. Abram ne doute pas de ce que Dieu est capable de réaliser ce que l'homme ne peut réaliser. Et le Seigneur encourage davantage son serviteur en lui rappelant la raison pour laquelle il l'avait fait sortir d'Our en Chaldée: lui faire hériter du pays de Canaan (v.7). Dieu n'appelle jamais quelqu'un sans but ; il indique toujours le chemin à suivre. Malgré cette assurance, Abram veut en savoir plus de ce projet. Ainsi (v.8), il demande un signe, une preuve «matérielle !» pour être rassuré. Et le Seigneur lui demande de faire une offrande sanglante (v.9) contenant une génisse de trois ans, une chèvre de trois ans, une tourterelle et un pigeon.

---

[153] La justice est imputée à Abram à cause de sa confiance en Dieu. Par lui-même, il n'est pas juste, mais Dieu le lui impute comme mérite. Ainsi comprise, la justice imputée constitue une grâce du Seigneur sur son serviteur. L'apôtre Paul (cf. Rm 4,3-25) dit que par la foi au Dieu qui a ressuscité Jésus d'entre les morts, les chrétiens participent à la même grâce qu'Abram. Ils sont justifiés, c'est-à-dire déclarés justes par la foi (cf. v.22-25).

Le partage en deux parts signifie que désormais le pacte est conclu, et nulle partie ne pourra violer cette Alliance[154]. Au v.11, il est question d'oiseaux qui ne sont pas les bienvenus. Ils veulent fondre sur les cadavres (les victimes), mais Abram les chasse car ils risquent d'être une occasion de malédiction pour lui. C'est d'ailleurs ce qui va se produire dans la suite. Abram va être saisi par une torpeur, un léger sommeil. Et là il entend une voix qui semble contredire le plan de Dieu. Pourtant, c'est l'annonce des événements relatifs à l'esclave des Hébreux en Egypte ainsi qu'à la sortie (l'exode). Le Seigneur prévient Abram sur ce qui va se passer à propos de sa descendance (v.13). Les Israélites seront persécutés et réduits à l'esclavage pendant quatre cents ans[155].

Mais le Seigneur se présente déjà comme le Juge suprême des actions des oppresseurs de son peuple. Ce sera une période qui prendra fin au temps arrêté par Dieu. Les descendants d'Abram seront bénis, et ils quitteront l'Egypte comblés des biens matériels. Quant au Patriarche lui-même, il ira en paix auprès du Seigneur qu'il aura servi avec empressement (v.15). La fin de sa vie devra glorifier son Dieu (voir l'expression « *une heureuse vieillesse* », בְּשֵׂיבָה טוֹבָה , b^e*séybhah ṭôb^{h}ah*, 15b). Toujours dans cette vision, le Seigneur fait voir à Abram qu'il a la situation en mains. Il lui parle des habitants de Canaan qui vont encore en vouloir à ses descendants (cf. v.16).

Au v.17, deux expressions retiennent notre attention : תַּנּוּר עָשָׁן *Tannour 'ashan*, ou « la fournaise fumante » et לַפִּיד אֵשׁ, *Laggîd 'ésh*, « les flammes » (sillon de feu). Elles passent entre les animaux séparés en deux parties. Tout ceci se passe au milieu d'une nuit épaisse. Ainsi, « *à la fournaise fumante de l'Egypte succédera la flamme glorieuse de la délivrance (Es. 48.10 ; 62.1). Dans l'une comme dans l'autre Abram doit voir le Dieu de toute grâce qui passe entre les moitiés d'animaux et qui s'engage à demeurer fidèle à l'alliance qu'il veut conclure avec son serviteur* »[156].

La TOB donne une interprétation également intéressante : « *Le four fumant et la torche de feu qui passent entre les morceaux des animaux immolés sont les symboles de la présence de Dieu comme le sera le buisson ardent d'Ex 3,2. L'Ancien Orient connaît le four comme présage de malheur et la torche comme signe favorable* ».

---

[154] Il est clair que Dieu ne va pas se renier lui-même. Mais il accepte de conclure une alliance avec l'homme.
[155] D'après Ex 12,40, la durée de l'esclavage égyptien fut de quatre cent trente ans (430). Les 400 ans constituent donc un chiffre rond, une durée approximative. Ceci ne devrait pas constituer un problème sérieux d'interprétation. Ce texte établit un lien entre le livre de la Genèse et celui de l'Exode.
[156] Ch. ROCHEDIEU, *op. cit*., p. 50.

Enfin, les deux derniers versets précisent les clauses de l'Alliance (בְּרִית *B^{e}rith*). Abram n'avait qu'à accepter la fidélité de Dieu. La répétition de la promesse nous fait comprendre l'insistance sur cette fidélité infaillible du Seigneur. C'est lui qui donne des limites au territoire accordé aux descendants d'Abram. Il lui parle de peuples qui seront dépossédés de leur pays.

Chapitre 16
ABRAM, SARAÏ ET AGAR

Avec ce chapitre, nous avons affaire avec la gestion de la famille. Dès le premier verset, il y a un rappel sur la stérilité de Saraï (cf. 11,30). Ce rappel est d'autant intéressant qu'il va orienter la suite du récit. Agar, la servante (*shifḥah,* שִׁפְחָה) de Saraï, fut une Egyptienne. Elle faisait partie des esclaves donnés à Abram par le Pharaon (cf. 12,16). Elle servait fidèlement sa maîtresse. Or, la souffrance de Saraï était toujours présente ; elle n'avait point d'enfant. Pour elle, c'était déjà tard. Ce qu'elle propose à Abram dénote justement son impatience (v.2-3)[157]. A travers le Moyen Orient, cette coutume n'était pas une surprise. Lorsqu'une femme était stérile, la coutume voulait que le mari prenne une servante, mais celle-ci gardait son rang d'esclave. Et la femme légitime gardait toutes ses prérogatives.

16.1. Abram écoute la voix de Saraï, sa femme

Abram perd aussi patience ; il ne condamne pas son épouse, mais obéit à sa proposition. L'expression וַיִּשְׁמַע אַבְרָם לְקוֹל שָׂרָי (*Wayyishma' 'Abhram l^{e}qôl Saray*), « *Et Abram écouta la voix de Saraï* » constitue une véritable interpellation. Il aurait fallu continuer à faire confiance à la promesse de Dieu. Au lieu d'écouter Dieu, Abram a choisi d'écouter Saraï sa femme dans cette circonstance particulière. Cette réaction a pour rôle de créer un climat de sérénité dans le foyer. Pourtant les choses ne vont pas se passer comme prévu. Agar méprise sa maîtresse et oublie celle qui l'avait « *placée sur le sein d'Abram* » (v.4). Abram devra assumer toutes ses responsabilités. Il a écouté la voix de sa femme et oublié la promesse de Dieu, probablement parce qu'il pensait - comme Saraï d'ailleurs – au temps qui passait.

---

[157] Abram est alors âgé de 85 ans.

C'est comme cela qu'un être humain passe de la foi au doute, de la gloire à la déchéance[158]. Abram et Saraï vont expérimenter une autre dimension de la grâce divine. Aux premières épreuves succèdent d'autres épreuves. Une fois de plus, c'est l'autre qui a tort. Saraï en veut à son mari : « *Tu es responsable de l'injure qui m'est faite... Que le Seigneur décide entre toi et moi* » (v.5)[159].

Le problème est qu'Agar se voit investie de droits supérieurs car c'est avec elle qu'Abram pourra désormais compter. Elle pouvait bien mortifier sa maîtresse en oubliant sa vraie place dans la maison d'Abram. Elle devient arrogante, et Saraï ne le voit pas d'un bon œil. Quand on accorde une telle place à une esclave, il faut simplement assumer ses responsabilités jusqu'au bout. En réalité, la faute incombe à la fois à Abram et à Saraï. Il n'est pas normal de faire endosser toute la responsabilité à Abram seul. L'esclave qui se voit ainsi honorée ne peut que se réjouir ; elle ne veut plus obéir à sa maîtresse. Et comme c'est d'elle qu'est venue la proposition, elle n'a qu'à se taire et endosser cette responsabilité.
Malheureusement, Saraï va se permettre, avec l'autorisation de son mari, de maltraiter Agar. Désormais, la servante de Saraï se sent menacée ; elle n'a aucune protection. Elle est abandonnée des deux époux. Abram tient à tout prix à satisfaire Saraï, sans lui faire de reproches. Il espère créer des conditions de paix, pourtant il crée une instabilité dans sa maison. Ne pouvant plus supporter cette situation, Agar prend la fuite (v.6) en direction du désert de Shour (cf. 25,18), sans doute pour retourner dans son pays natal, l'Egypte. Cette fuite loin de la face de sa maîtresse lui donne l'occasion d'expérimenter la même grâce de Dieu. Agar va voir et entendre Dieu lui parler au travers de son ange מַלְאַךְ יְהוָה *Mal'ak Adonaï,* Envoyé de Dieu, v.7-11) près d'une source d'eau, sur le chemin qui mène en Egypte. L'ange la réconforte et lui fait une promesse dont le fond ressemble à celle faite par Dieu à Abram (v.10 : « *Je multiplierai ta postérité, et elle sera si nombreuse qu'on ne pourra la compter* », L. Segond). Ensuite, Agar reçoit de l'ange le nom qu'elle devra donner à l'enfant à naître. Elle le nommera Ismaël, un nom signifiant « *Dieu entend* ». Il y a dans ce nom le verbe « *Shama'* », écouter, entendre, percevoir.

C'est d'ailleurs ce que dit la suite du verset :
וְיֹלַדְתְּ בֵּן וְקָרָאת שְׁמוֹ יִשְׁמָעֵאל כִּי־שָׁמַע יְהוָה אֶל־עָנְיֵךְ « W^{e}yoladt^e bén w^{e}qara'th sh^{e}mô Ishma''él, kî-shama' Adonaï 'èl-'anyék^{h}e » = *Tu enfanteras un fils, et tu l'appelleras du nom d'Ismaël, car le Seigneur t'a entendu dans ton affliction* ».

---
[158] Il y a ici comme un écho de la désobéissance d'Adam et Eve dans le jardin des délices. Lorsque Dieu interpelle l'homme, il lui dit : « Puisque tu as écouté la voix de ta femme... » (3,17).
[159] Le terme traduit ici par « injure » חָמָס (*hamas*) veut aussi dire "opprobre" ,"Violence"

Mais Ismaël sera comme un âne sauvage, une source de controverse au milieu de ses frères[160]. Agar exprime sa reconnaissance à Dieu par une véritable confession de foi : « אַתָּה אֵל רֳאִי *'attah-'El-roï, Tu es Dieu qui me voit* » (v.13)[161]. Ce fut aussi le nom donné à la source d'eau, là où l'envoyé de Dieu avait parlé à Agar: « *la source du Vivant-qui-me voit* : בְּאֵר לַחַי רֹאִי *B^e'ér laḥaï ro'ï* » (v.14).

16.2. Naissance d'Ismaël

Au v.15, on voit la concrétisation de la promesse grâce à la naissance d'Ismaël[162]. Abram est alors âgé de quatre vingt six ans (v.16). Cette naissance va changer le cours des événements comme on le voit dans la suite du récit.

Chapitre 17
LA CIRCONCISION COMME SIGNE VISIBLE DE L'ALLIANCE

Le chapitre 17 introduit une nouveauté dont il n'a pas été question jusqu'ici. Il parle de la circoncision comme signe de l'Alliance de Dieu avec le Patriarche Abram.

17.1. Confirmation de l'Alliance

Dès le premier verset, on voit que plusieurs années (treize en tout) se sont écoulées entre la naissance d'Ismaël et la confirmation de l'Alliance. Le Seigneur Dieu se révèle une fois de plus à Abram en se désignant par un nom qui exprime sa toute puissance : אֲנִי־אֵל שַׁדַּי *'anî 'El Shaddaï* (Je suis le Tout-

---

[160] Cette prophétie semble avoir été accomplie à travers les Arabes, descendants d'Ismaël. Ceux-ci sont des ennemis acharnés d'Israël. Nous pouvons penser à l'instabilité au Proche-Orient. La haine entre les Palestiniens (descendants d'Ismaël) et les Juifs (descendants d'Isaac) est tellement grande qu'il est difficile d'envisager une cohabitation pacifique de nos jours. Pourtant, Ismaël et Isaac sont tous issus d'Abram. Dieu seul est capable de mettre fin à ce conflit.
[161] Le T.M. (Ed. bilingue) traduit ce verset de la manière suivante : « *Et elle proclama ainsi le nom de l'Eternel qui lui avait parlé : Tu es un Dieu visible ! Car dit-elle, n'ai-je pas vu, ici même, la trace du Dieu qui me voit ?* ». La traduction de la TOB est intéressante (v.13): « *Tu es Dieu qui me voit. Elle avait en effet dit : 'Est-ce bien ici que j'ai vu après qu'il m'a vue ?'* ». A. Chouraqui traduit littéralement cette expression de la manière suivante : « *Toi, El Roï – l'El mon voyant* ».
[162] Le nom donné à l'enfant est en rapport avec l'expression de foi d'Agar. *Ismaël* = Dieu entend (cf. le verbe שמע *Shama'*= entendre, écouter). Toutefois, la forme verbale étant l'inaccompli, on peut aussi traduire par « Dieu entendra ».

Puissant)[163]. Il n'est pas comparable aux divinités des nations, mais il est Unique en puissance et en force. De cette manière, Abram ne pourra jamais perdre de vue qu'il a affaire à ce Dieu qui l'a dirigé ça et là dans ses pérégrinations. Sa toute puissance va se manifester à travers même les épreuves qu'Abram aura encore à affronter dans sa vie de voyageur. Jusqu'ici Abram ne sait pas encore avec exactitude la suite de cette aventure, mais il doit apprendre à avoir de plus en plus confiance en ce Dieu qui le poursuit partout en l'interpellant d'une manière ou d'une autre. Dans le premier verset, nous lisons un ordre donné au Patriarche : הִתְהַלֵּךְ לְפָנַי וֶהְיֵה תָמִים, *hithallékh^e l^{e}phanaï wèh^{e}yéh tamîm*, « *Marche devant ma face et Sois intègre* ». Ceci pourrait être interprété comme une mise en garde contre tout égarement, une réminiscence de sa conduite. Dieu ne veut pas faire le jeu d'Abram ni de Sara car il garde son Alliance et rien ne doit le pousser à changer d'avis.

L'interprétation de cet ordre est la suivante (paraphrase): « *Abram, je sais que tu es impatient et je vois l'impatience de Saraï, ta femme. Cessez de me tenter car ce que j'ai décidé de réaliser en votre faveur aura bien lieu. Désormais, ne faites rien par vos propres efforts. Surtout toi, Abram, n'oublies pas ma promesse d'autrefois. Fais-moi confiance et ne triche plus, obéis à ma parole et tu verras comment je vais réaliser de grandes choses dans ta vie. Je ne suis pas n'importe qui, mais le Tout-Puissant. Et je contrôle toute la situation ; tourne-toi vers moi et attends sans rien forcer* ».

On voit la promesse se préciser davantage dès le v.2 où il est question de la conclusion d'Alliance. Le Seigneur tient à faire prospérer son serviteur à tous égards. Cette bénédiction promise donne à Abram l'occasion de se soumettre totalement à son Dieu. Il l'exprime par l'adoration, face contre terre (Hébr. : וַיִּפֹּל אַבְרָם עַל־פָּנָיו *vayyipol 'Abhram 'al-panayw* «*Abram tomba sur sa face* »). Et Dieu tient compte de cette totale soumission de son serviteur ; il lui renouvelle son Alliance assortie de promesses de bénédiction (cf. 15,5.18) : « *Tu deviendras le père d'une multitude de nations* ».

---

[163] Ce nom divin est souvent associé aux promesses de fécondité (cf. 28,3 ; 35,11 ; 43,14 ; 48,3 ; 49,25 ; voir aussi Exode 6,3). Le Dieu Créateur de la vie est le Tout-Puissant.

17.2. Changement du nom d'*Abram* en *Abraham*

Pour mieux sceller ce pacte, Dieu change même le nom d'Abram en Abraham. Ainsi le « père élevé » devient le « père d'une multitude »[164]. Ce changement de nom sera aussi un acte déterminant dans la vie du Patriarche. Il devra se comporter désormais comme celui qui a une mission universelle, car « le nom exprime l'essence de la personnalité. Celle d'Abrahâm vient de subir une mutation parce qu'il a eu la révélation de IHWH (Adonaï), parce qu'il a changé de pays, quittant la Mésopotamie pour s'établir sur la terre de la promesse dont il a pris possession mystiquement et qu'il a conquise militairement, et parce qu'il a enfin un fils. D'où la nécessité d'un nom nouveau que dicte une vocation nouvelle. Abrâm, appartenant à un passé révolu, n'existe plus : un être nouveau vient de naître de lui (Gn 32,39) »[165]. Tous trouveront en lui le père et donc le protecteur. Cette vocation fera d'Abraham le représentant de Dieu parmi les hommes, un intermédiaire autorisé car il devient l'ami et non seulement le serviteur du Seigneur. L'Alliance ainsi conclue constitue un don de YHWH à son élu. Comme le signale M. Collin, "Abraham, face à Dieu, se situe toujours dans l'obéissance et la foi; il part sans hésiter sur la seule parole de son Dieu (12,4) et sa foi est soulignée et reconnue par Dieu lui-même (15,6) (...) Abraham est aussi l'homme du culte, du service de Dieu, bâtisseur d'autels, là où Dieu s'est révélé à lui"[166]. Cette promesse va se perpétuer aux travers les générations futures, celles qui descendront d'Abraham. Le Patriarche sera le père des nations (גוים, *gôyîm*); de lui naîtront des rois (v.6-7). Quand Dieu bénit quelqu'un, il le bénit avec les siens, pourvu qu'eux aussi lui restent fidèles.

Dans le cas d'Abraham, Dieu ne le laisse pas errer ; il lui fait don d'une terre, celle de ses pérégrinations, c'est-à-dire Canaan. Mais il est encore plus intéressant de remarquer que le Seigneur lui-même promet d'être le Dieu au milieu des descendants d'Abraham : « *Je serai pour eux un Dieu tutélaire* » (TM, Ed. Bilingue) ou « *Je serai leur Dieu* » (TOB, Segond).
Le Seigneur insiste sur la nécessité de marcher dans ses voies, en restant fidèle à l'Alliance (v.9).

---

[164] Ici intervient un changement dans notre texte. Désormais, nous écrirons « Abraham » et non « Abram » pour rester dans la logique du texte biblique.
[165] A. CHOURAQUI, *op. cit.*, p. 176.
[166] M. COLLIN, *Abraham*, Cahier Evangile N° 56, 2000, p. 29.

17.3. Circoncision (ברית מילה, *Berith moulâh*) de tous les mâles

D'après les v. 10-14, ce signe est institué par le Seigneur lui-même. *Tout mâle devra être circoncis* (הִמּוֹל לָכֶם כָּל-זָכָר *himmôl lakhèm kol-zakhar*). C'est la première fois qu'il est fait référence à rite dans la Bible. Lorsque Dieu avait conclu l'Alliance avec Noé, il avait lui-même donné le signe de l'arc-en-ciel et Noé n'est pas intervenu. Mais ici Abraham va participer d'une manière déterminante au processus : il va commencer par circoncire les jeunes gens de sa maison, avant de se faire lui aussi circoncire. Nous pouvons y voir un pacte de sang, car la circoncision fait mal et le sang coule. Tout mâle de la descendance d'Abraham devra être circoncis dès qu'il aura atteint huit jours[167].
Cela implique une douleur physique, donc un don de soi, un sacrifice. La chair connaît la douleur car le sang va couler ; et la cicatrice laissée par cette « blessure » donnera à l'homme de se souvenir qu'un jour Dieu avait conclu une Alliance avec l'ancêtre Abraham. Dans la suite, on parlera de circoncire le cœur, c'est-à-dire de se purifier pour entrer dans la présence du Dieu Très Saint (cf. Dt 10,16 ; Jr 4,4). Les v.12-14 insistent sur le caractère obligatoire de ce signe, même pour l'étranger résident. Quiconque n'aura pas accepté de se faire circoncire sera coupable devant Dieu d'avoir rompu l'Alliance[168]. En conséquence, il sera retranché du milieu de ses frères.

17.4. Saraï devient Sara

Puisque la promesse concerne toute la famille du patriarche, le Seigneur ordonne également le changement du nom de Saraï en Sara. Seulement le sens reste le même : Saraï = ma princesse, ma noble / Sara = princesse. Le nom est tout simplement abrégé.

La suite concerne la concrétisation de la promesse faite autrefois au Patriarche : la naissance d'un enfant. Au v. 16, nous lisons ceci : « *Je la bénirai et même je te donnerai par elle un fils. Je la bénirai, elle donnera naissance à des nations ; des rois de peuples sortiront d'elle* » (TOB).

---

[167] Le Seigneur Jésus a été soumis à ce rite au huitième jour. Il est le descendant d'Abraham qui accomplit toute la Loi (Lc 2,21, cf. la Loi de Moïse dans Ex 13,12.15b). Le huitième jour est celui où l'homme se met à l'œuvre pour continuer l'œuvre de la création. Il correspond au travail de l'homme, car Dieu s'est reposé le septième jour. D'autre part, les incirconcis (ערלים *'arêlîm*) n'étaient pas autorisés à s'associer aux Israélites, peuple de l'Alliance (cf. 34,13-17).
[168] Le peuple de la Nouvelle Alliance est purifié par le sang de Jésus, l'Agneau immolé. L'entrée dans son église se fait par la voie de la nouvelle naissance dont le baptême constitue le signe visible.

Le Seigneur promet même une progéniture à travers Sara, malgré son âge avancé (près de 90 ans). Quand Abraham tombe sur sa face, cette fois-ci c'est pour rire et non pour adorer Dieu comme il avait coutume de le faire. Il pense à son âge et à celui de sa femme et imagine l'impossibilité qu'à cet âge l'on puisse encore procréer (v.17). Voilà pourquoi il rit en lui, exprimant ainsi son étonnement et son doute face à une telle annonce (וַיִּפֹּל אַבְרָהָם עַל־פָּנָיו, וַיִּצְחָק, *wayyipol 'Abraham 'al-panayv wayyitsḥaq*, « Abraham tomba sur sa face et il rit ». Le nom donné à d'Isaac provient justement de ce verbe וַיִּצְחָק, conjugué à l'inaccompli.

Après avoir exprimé son doute, Abraham ose parler à Dieu pour lui dire que les choses sont claires : c'est à travers Ismaël qu'une telle promesse pourra se réaliser, pas à travers un fils qui naîtrait des vieillards. De toute façon, le Patriarche imagine que même si cela pourrait se réaliser il n'aurait pas le temps d'élever cet enfant « hypothétique ». Pourtant le Seigneur le ramène sur le terrain de la foi, donc de la pleine confiance. Il lui donne toutes les précisions utiles : « *Ta femme t'enfantera un fils auquel tu donneras le nom d'Isaac* »[169]. L'enfant qui naîtra bénéficiera également de cette promesse. Ismaël est né quand le Patriarche se nommait encore Abram alors qu'Isaac sera le fils qui va rendre l'Alliance concrète, il sera le fils d'Abraham. Les choses ont changé car le Patriarche n'est plus resté le même ; Dieu le désigne autrement, et puis il a été circoncis. Et puis, le Seigneur promet d'établir son Alliance perpétuelle avec Isaac (v.19, 21). Quant à Ismaël, Dieu va le bénir à cause en signe d'amour et de fidélité vis-à-vis de son serviteur Abraham (v.20). En tant que le juste Juge, le Seigneur fait la part des choses : l'Alliance sera scellée avec Isaac, le fils de la promesse, tandis qu'Ismaël est aussi béni, sans entrer dans l'Alliance, à cause d'Abraham. La différence est ainsi établie entre les deux enfants nés de lui. Le rendez-vous est pris pour l'année d'après.

Abraham a reçu toutes les assurances de son Dieu; il ne lui reste qu'une longue attente à soutenir avec persévérance. Le Seigneur s'est retiré dans le ciel d'où il domine et contrôle toutes ses créatures. Pour sa part, Abraham obéit à l'ordre de son Dieu et se met à circoncire tous les mâles de sa maisonnée le même jour, sans omettre les esclaves (v.23-27). Lui-même aussi se soumet à ce rite sans attendre. Le texte met un accent particulier sur la promptitude d'Abraham. C'est ainsi qu'il insiste sur l'expression « le même jour ».

---

[169] Le nom d'Isaac symbolise le rire d'Abraham. En Hébreu, il y a un jeu de mot : צחקיו, *vayyitsḥaq* « et il rit » ; / *Itsḥaq* : Verbe rire à l'inaccompli qal consécutif → Isaac = Il a ri.

Le Patriarche devra se montrer à la hauteur de la vocation qui est la sienne. Il doit se montrer fidèle en toutes circonstances et être un modèle de foi pour tous les peuples de la terre.

Chapitre 18
ANNONCE DE LA NAISSANCE D'ISAAC

D'après le contexte, ce chapitre va orienter la promesse du Seigneur à Abraham. Par une journée ensoleillée, le Patriarche prend de l'air à l'entrée de sa tente, sous les chênes de Mamré, tout près de la cité d'Hébron. Alors qu'il est probablement préoccupé par la promesse d'avoir un fils, il aperçoit tout près de lui trois hommes. Abraham ne les a pas vus venir ; il n'a pas non plus su comment ils s'étaient mis à ses côtés sans qu'il s'en aperçoive. Mais en les voyant debout, il a vite compris que ces étrangers venaient de loin.

Il se souvient alors qu'il a été établi dans une lourde responsabilité d'être le père d'une multitude. Sa première réaction ne consiste pas à leur poser des questions du genre : « *D'où venez-vous ?* » ou « *Vous êtes de quelle nationalité ?* ». Abraham sait qu'il fait chaud. Il se lève, va au-devant d'eux, leur rend hommage en témoignage d'un profond respect. Puis, posément il leur adresse la parole : « *Seigneur, si j'ai trouvé grâce à tes yeux, ne passe point loin de ton serviteur* »[170] (v.3, Segond).

Le Patriarche a compris qu'il n'a pas affaire à des hommes ordinaires tellement leurs visages brillaient. Il leur offre toute son hospitalité : il fait apporter de l'eau pour que les étrangers se lavent les pieds, les fait asseoir sous le chêne, puis leur fait savoir qu'ils ne vont pas passer sans avoir mangé du pain pétri. Ces trois premières actions suivent une logique digne d'une véritable hospitalité et de la libéralité.

Comme les trois hommes accèdent à cette demande, Abraham accourt dans sa tente et fait mettre tout le monde en mouvement : Sara va pétrir trois mesures de fleur de farine et faire des galettes (v.6) tandis que lui-même va faire tuer un veau bien tendre. Son serviteur (הַנַּעַר *hanna'ar* = ou le garçon, le jeune homme) exécute les ordres avec empressement ; c'est lui qui va apprêter le veau.

---
[170] Le texte utilise tantôt le singulier tantôt le pluriel ; on passe de « tu » à « vous ». Abraham s'adresse avant tout au Seigneur Dieu, ensuite à ses anges (M^{e}lakîm : envoyés). Deux des trois hommes sont les anges chargés d'exécuter le jugement sur Sodome et Gomorrhe ; le troisième, c'est le chef de délégation, soit le Seigneur lui-même.

Abraham veille à ce que tout soit prêt, puis prend tout ce qui a été préparé et le place devant les visiteurs. Pendant qu'ils sont entrain de manger, Abraham ne les quitte pas des yeux ; il se place à leur côté, debout sous l'arbre. C'est donc l'ensemble de la famille qui bouge pour servir les hôtes[171]. Ayant été bien accueillis, ces hommes vont dévoiler le contenu de leur mission à la fois pour la famille d'Abraham et pour Sodome et Gomorrhe.

18.1. Renouvellement de la promesse

Les envoyés du Seigneur posent une question : « *Où est Sara ta femme ?* » (v.9). Abraham doit avoir compris qu'il ne s'était pas trompé en s'inclinant devant ces hommes. Déjà, le fait de prononcer le nom de Sara doit faire réfléchir. Il n'y a que le Seigneur qui est capable d'appeler chacun par son nom. Abraham répond : « *Elle est dans la tente* ». On imagine Sara fatiguée d'avoir fait une cuisine à la hâte, vu son âge. Mais le plus important est dans le message du Seigneur. Il s'adresse à Abraham tandis que Sara suit toute la conversation de l'intérieur de la tente. La promesse faite au couple est renouvelée. Dieu ne voit pas les choses comme les humains les voient. Cette fois-ci un délai est fixé pour l'accomplissement de cette promesse : « *L'un d'entre eux dit : 'Je reviendrai vers toi à cette même époque ; et voici, Sara, ta femme, aura un fils'* » (v.10a).

Comme Sara suivait de l'intérieur, elle pensa à son âge et se mit à rire, comme l'avait fait jadis son mari[172]. Elle murmura car jamais de sa vie elle n'avait imaginé chose pareille. Son doute pourrait être ainsi exprimé: « *Pourquoi cela ne s'est-il pas réalisé quand j'étais jeune ? Est-ce possible qu'à mon âge je porte encore un enfant dans mon sein ? En aurai-je la force ?* » (cf. v.12).

La réplique du Seigneur ne va pas tarder : « *Pourquoi Sara a-t-elle ri ?... Y a-t-il quelque chose qui soit étonnant de la part de l'Eternel ?* » (v.13-14). La réponse étant évidente, le Seigneur confirme une fois de plus ce qu'il a déjà dit plusieurs fois : « *Sara aura un fils* »[173].

---

[171] Ceci constitue une grande leçon à la fois d'hospitalité et d'humilité. Abraham est un modèle de père qui coordonne et contrôle sa famille. Tant que personne ne murmure, les visiteurs se sentent à l'aise et vont manger. Les verbes d'action dans ces versets sont très précis: *se hâter / courir - prendre - donner* (v.7-8). C'est aussi ce qui va leur donner la possibilité de dévoiler le projet du jugement de Dieu sur les villes de Sodome et Gomorrhe. Le divin modèle de Serviteur demeure le Seigneur Jésus qui a quitté le ciel pour venir servir les hommes (cf. Jn 13,1-20 ; Mt 20,28 ; Ph 2,7).
[172] Le v. 11 constitue une explication supplémentaire, une sorte de parenthèse destinée à préciser la raison qui fera que Sara se mette à rire, à douter.
[173] Certains textes affirment que rien n'est impossible à Dieu : cf. Mt 19,26 ; Lc 1,37 ; Lc 18,27; cf. Nb 11,23 ; Es 59,1 ; Jr 32,17 ; Jb 42,2. Celui qui croit peut aussi « déplacer des montagnes » (cf. Mt 17,20 ; 21,21-22 ; Mc 11,22-24).

C'est Dieu qui a parlé, il faut simplement croire. Quand on demande à Sara pourquoi elle a ri, elle-même va le renier : « *Je n'ai pas ri* » (v.15a). On peut se tromper soi-même, mais personne ne peut tromper le Seigneur car lui voit tout et il sonde ce qu'il y a au-dedans de quelqu'un. Voilà pourquoi il fait comprendre à Sara l'inutilité de mentir.

Abraham veut par contre entendre plus que les promesses renouvelées plus d'une fois. Il accompagne ses hôtes qui se dirigent vers les villes impies de Sodome et Gomorrhe. Le Seigneur finit par dévoiler son projet à son serviteur. Abraham va donc bénéficier d'un traitement de faveur grâce à l'expression de son hospitalité. En tant que père d'une multitude, Abraham est informé du plan de destruction des villes impies.
Le but de cette attitude du Seigneur vis-à-vis d'Abraham est donner une leçon aux nations ainsi qu'aux descendants du Patriarche. Que tous sachent que tout mauvais comportement des hommes entraîne le jugement de Dieu. Il faudra que les descendants d'Abraham soient aussi intègres que leur ancêtre (cf. v.19).

18.2. L'intercession du père des peuples et des nations

Dès le v.20, nous lisons la première intercession de la Bible. Abraham prend toutes ses responsabilités au sérieux. Etant informé du jugement des villes de Sodome et de Gomorrhe, il se lance dans une longue plaidoirie en faveur des habitants de ces cités. Pourtant la raison de ce jugement est bien spécifiée, comme devant la cour. Motif de condamnation : Le péché a atteint la limite du supportable. Le Seigneur est descendu dans le but de vérifier l'information sur ce qu'il connaît ou entend dire[174].

Etant informé du plan de destruction, Abraham s'interpose. Il intercède en faisant une sorte de marchandage. Du v.23 au v.32, le Patriarche pose la même question en essayant à chaque réponse de réduire le chiffre mis en jeu. La question est la suivante : « Seigneur, vas-tu détruire ces villes sans tenir compte de quelques justes qui y seraient ? ». Abraham avance l'éventualité de trouver dans Sodome (et Gomorrhe) un chiffre de cinquante justes, puis de quarante-cinq, de quarante, de trente, de vingt et enfin de dix (nombre décroissant).

---

[174] Ici l'auteur utilise le langage anthropomorphique pour parler du Seigneur. Dire que Dieu vient se rendre compte si ce qu'il entend est vrai ou pas, comme s'il n'était pas au courant de toute la situation est une figure de style.

A chaque fois, le Seigneur répond de la même manière : « Si je trouve X personnes justes à mes yeux, je pardonne à la ville ; je ne la détruirai pas à cause de ce nombre, le reste fidèle (לֹא אַשְׁחִית *lô' 'ašḥîth : Je ne détruirai pas*) ». Mais on est vite passé de cinquante à dix, sans pouvoir en trouver qui soient justes.

Notons la générosité du Patriarche à travers cette intercession. Il croit en la justice rétributive[175]. Cette intercession est déjà une épreuve pour Abraham qui ne devra pas voir les choses comme avant. Il a reçu mandat de devenir le père d'une multitude des peuples. Même si les villes de Sodome et Gomorrhe vivent dans le dérèglement et la corruption morale, Dieu peut encore faire grâce s'il peut y trouver un petit reste fidèle. Son pardon est à portée de main.

N'ayant pas convaincu le Seigneur, Abraham va laisser faire. Il souffre à la place de ces gens corrompus. Une fois de plus, nous avons affaire à un véritable modèle de quelqu'un qui prend d'énormes risques afin de sauver la vie des autres. Abraham ne se réjouit pas du malheur qui va s'abattre sur les villes impies. Il se met plutôt en peine de la vie des habitants. S'il avait eu le temps de prêcher dans ces cités-là, il n'aurait pas hésité de s'y rendre même au péril de sa propre vie[176]. Il rentre chez lui, mais continue d'espérer qu'un changement de dernière minute fasse modifier la décision du Seigneur.

Chapitre 19
LES VILLES IMPIES DE SODOME ET GOMORRHE

Désormais, il sera question de deux anges. La troisième personne est retournée au ciel. Sa mission consistait de bénir Abraham et de se rendre compte de la situation réelle des deux villes voisines, Sodome et Gomorrhe. Loth et sa famille habitaient à Sodome.

19.1. Loth et les envoyés de Dieu

Comme le péché a atteint son paroxysme, il n'y a plus rien à faire. Les deux anges chargés d'exécuter la volonté du Seigneur sont prêts pour passer à l'action. A la porte de la ville se trouve un certain Loth, neveu d'Abraham.

---

[175] Abraham croit que Dieu est celui qui récompense comme il se doit les œuvres humaines. Il sait par exemple qu'au moins Lot sera sauvé car il était un craignant Dieu.
[176] Abraham est le type du Christ qui s'est interposé en donnant sa vie pour les autres. Si l'on veut rendre service, il faudra accepter que cela puisse nous coûter quelque chose. Les enfants de Dieu ne doivent pas se réjouir du malheur des autres ; ils doivent plutôt être pleins de compassion pour les âmes qui meurent sans le Christ.

Voyant l'aspect de ces êtres célestes, il va au-devant d'eux et se prosterne face contre terre en signe de respect. Il va leur manifester la même générosité et la même hospitalité que son oncle. Malgré l'opposition, Loth va les convaincre d'entrer sous son toit. Il les reçoit à bras ouverts et leur sert à manger et à boire (v.1-3).

Alors que Loth est occupé à converser avec ses hôtes, les gens de la ville arrivent par milliers et insistent pour que leur soient livrés les étrangers. Ils ne se gênent pas d'exercer leur vie dépravée devant des étrangers. Ce qu'ils demandent est en fait une véritable infamie : connaître les visiteurs de Loth[177]. Même si à cette époque la Loi mosaïque n'était pas encore en vigueur, Dieu dirigeait ses élus en leur ordonnant de mener une vie intègre. Les gens de Sodome ont manifesté toute leur méchanceté et leur agressivité devant des étrangers venus dans leur ville. Ils insistent auprès de Loth et le presse de tous côtés pour qu'il leur livre ses visiteurs. Ils n'ont aucun sens d'hospitalité. Loth essaie de les calmer en leur proposant même de livrer ses propres filles vierges. C'est cela le sens du sacrifice pour les autres. Mais ceci montre à quel point Loth avait subi l'influence néfaste des gens de Sodome. Il a certes tenu à protéger ses hôtes, mais le compromis qu'il propose aux méchants peut conduire à une compromission.

Pour les gens de la ville, cela n'est pas leur préoccupation ; ils ne veulent rien entendre et rien comprendre. Ils tiennent à aller jusqu'au bout de leur méchanceté ; ce sont des véritables aveugles toujours prêts à faire du mal. Ils s'en prennent même à Loth qu'ils appellent l'étranger (v.9). Quand on veut faire du mal, il est difficile de bien faire la part des choses. Loth devient l'homme à abattre car il protège des étrangers. Mais les gens de Sodome avaient ignoré que les étrangers dont ils parlent ne sont pas de simples hommes, mais des êtres célestes qui sont d'ailleurs prêts à se défendre et à manifester la puissance du Seigneur. Voilà pourquoi ils vont à leur tour sauver Loth d'une mort certaine. Les anges vont le faire rentrer à l'intérieur de la maison, puis ferment la porte derrière lui. Loth va se sentir en sécurité comme le furent Noé et sa famille lors du déluge.

---

[177] Le sens est celui d'avoir des rapports sexuels avec les visiteurs. Le texte utilise justement le verbe יָדַע (*yada'*) qui signifie « connaître », donc avoir des relations sexuelles comme en 4,1 où il est dit : « *Adam connut sa femme* » (autre version : « *s'unit à sa femme* »). Les habitants de Sodome menaient donc une vie dépravée ; plusieurs d'entre eux étaient des homosexuels. Or, de tels comportements sont condamnés par la Bible (cf. Lv 18,22 : « *Tu ne coucheras point avec un homme comme on couche avec une femme. C'est une abomination* », cf. Lv 20,13 & Rm 1,27).

Comme la porte est fermée par les anges, les habitants de Sodome ne sauront pas la briser ; d'ailleurs ils sont rendus aveugles. Eux qui croyaient voir deviennent aveugles. Ils sont mis hors d'état de nuire. Leurs efforts en vue de retrouver l'entrée de la maison de Lot seront vains (v.10-11).

Le texte met un accent sur la composition de ces gens impies : petits et grands (מִקָּטֹן וְעַד-גָּדוֹל *miqatôn ve'ad-gadôl* = *Du plus petit au plus grand*, v.11). Personne n'est épargné ; tous sont devenus aveugles. Nul ne saura guider les autres. A l'aveuglement spirituel vient s'ajouter la cécité physique, l'aveuglement physique. Voilà pourquoi, les Sodomites ne sauront même pas le moment où Loth et sa famille seront évacués de leur ville.

A partir du v.12, nous voyons les anges prendre l'initiative de sauver ce qui peut l'être. Ils insistent auprès de Loth pour que tous ceux de sa maison aient la vie sauve avec lui. Il est dit que Loth avait même marié ses filles à des Sodomites. Ses gendres se moquent de lui, eux qui pourtant bénéficiaient d'une grâce extraordinaire. Même s'ils ont entendu l'appel pressant à quitter un lieu qui serait bientôt détruit, ils veulent s'installer dans leurs péchés. Comme les péchés rendent les gens aveugles ! (v.13-15). Par amour pour les siens, le Seigneur dévoile même son plan qui consiste à détruire les deux villes impies et tout ce qui les environne.

19.2. Injonctions données à Loth

1. « *Songe à sauver ta vie = Quitte ces lieux* » !

Il est demandé à Loth de vite quitter les lieux car le jugement est imminent ; la colère du Tout-Puissant va s'abattre sur les habitants de Sodome et Gomorrhe. Dans sa précipitation, Loth ne se fera accompagner que de ses deux filles (mariées) et de son épouse.

Les anges les poussent dehors, car ils veulent leur conserver la vie (v.16)[178]. L'hésitation de Loth était probablement due aux intérêts matériels et aux liens d'amitié et de fraternité qu'il avait tissés avec les habitants de Sodome. Or un tel comportement pourrait lui être préjudiciable. Au lieu d'hésiter, il faut avancer, surtout quand le Seigneur l'ordonne.

---

[178] Devant nos hésitations humaines, il arrive que Dieu utilise tous les moyens possibles pour nous mettre à l'abri du mal et nous sauver ainsi la vie.

Maintenant que les envoyés de Dieu viennent de se rendre compte de la réalité de ces villes impies, ils vont simplement exécuter le jugement sur elles. En y allant, ils avaient dit à Abraham qu'ils voulaient vérifier si ce qu'ils entendaient dire était vrai (cf. 18,20-21). Jusque-là, Dieu pouvait encore pardonner si ces gens avaient adopté une attitude de repentance, en prenant par exemple le sac et la cendre. Mais au lieu de cela, ils se sont livrés à des excès de méchanceté et d'immoralité. Le temps de la grâce est arrivé à son terme ; il ne reste plus que celui du jugement. Loth et sa famille sont poussés dehors.

2. *« Ne regarde pas en arrière ! »* (v.17) :

L'un des envoyés du Seigneur va les exhorter à marcher droit devant eux, à ne pas regarder en arrière ni s'arrêter dans toute cette région. Cette injonction à ne pas regarder en arrière consiste à oublier toute la vie que Loth et les siens menaient dans Sodome. Ils doivent s'élancer vers l'avant et non s'occuper de ce qui pourrait se trouver dans la ville impie. C'est comme cela que l'on doit marcher avec le Seigneur. Il ne veut pas que ses fidèles serviteurs restent attachés aux choses du passé. Au contraire, ils sont appelés à tout quitter et à regarder vers leur Seigneur. Il est important que l'on sache que la vie passée dans Sodome conduisait à une mort spirituelle certaine. Le salut étant déjà présent, Loth et sa famille ne peuvent qu'en profiter. Ils doivent prendre la direction de la montagne, c'est-à-dire dresser la tête (v.17). Toutes ces interdictions ont leur rôle dans cette histoire.

19.3. La direction de la montagne

Lorsque le Seigneur sauve quelqu'un, il veut le voir aller de l'avant[179]. Malgré les obstacles qui pourront se dresser sur sa route, il faut avancer, en s'appuyant sur le Seigneur lui-même. C'est ce que Loth et les siens sont appelés à expérimenter. L'image de la montagne (*haharah*, voir *har* הָהָרָה) est celle d'un lieu où l'on rencontre Dieu. Loth et sa famille doivent apprendre à quitter le monde impie pour aller servir Dieu, l'écouter, l'adorer. La montagne étant un lieu élevé. Il n'est pas possible d'y aller la tête baissée ; on s'y rend en dressant sa tête. C'est aussi le symbole d'une intense communion avec le Seigneur. Quand Dieu nous sauve, il veut que nous apprenions à regarder plus haut.

---

[179] C'est ce modèle qui est aussi proposé aux chrétiens. Dès que quelqu'un donne sa vie au Seigneur Jésus, il doit oublier ce qui est en arrière et se porter vers l'avant (cf. 2 Cor 5,17 ; Phil 3,7-14). La vie chrétienne est en quelque sorte une course. Il faut conjuguer tous ses efforts pour atteindre le but.

Nos regards ne doivent plus être placés sur ce qui est terrestre désormais (ce qui est bas est symbolisé par la vallée !). La montagne est donc un symbole qui détermine la marche d'un fidèle avec son Dieu, son obéissance.

Comme nous le lisons à travers le récit du sacrifice d'Isaac (Chapitre 22), c'est à la montagne que Dieu a conduit Abraham. L'arche s'était arrêtée sur la montagne d'Ararat aux jours de Noé (cf. 8,4). Et dans le livre de l'Exode, Moïse rencontrait Dieu à la montagne ; c'est là qu'il a reçu les instructions du Seigneur au sujet de la marche de son peuple (les Dix commandements, cf. Ex 19 – 20 ; 34,1-35).

Dans le Nouveau Testament, le Seigneur Jésus se retirait régulièrement à la montagne pour prier (Mt 14,23; Mc 6,46; Lc 6,12;). C'est aussi à la montagne qu'il fut transfiguré (Mc 9,2s //)[180]. Dans la Bible, la montagne représente un royaume, une autorité ou une domination (Dn 2,35.44-45 ; Ap 17,9-11 ; 13,1). La montagne symbolise enfin la demeure de Dieu[181]. Loth est ainsi invité à faire pareille expérience. Sa vie ne sera plus la même. La ville de Sodome représentait le chemin de la mort, mais désormais il peut vivre autrement. Il devra prendre ses distances avec le péché. Nous comprenons que Loth a été béni à cause de la foi d'Abraham. Dieu n'a pas voulu que son serviteur se mette en peine de son neveu ; il le sauve pour qu'il aille le servir. Seulement, comme nous le lisons aux v. 18-22, Loth a encore traîné les pas ; il ne pouvait fuir en toute hâte. Il a ainsi supplié les envoyés de Dieu afin qu'ils lui accordent la grâce de se réfugier dans une ville proche. Celle-ci a été surnommée Tsoar (de la racine *Ts'r* / *Tsaïr* = peu de chose, insignifiant).

Le jugement de Sodome et de Gomorrhe (v.24ss): C'en est fini, les deux villes voisines voient venir du soufre et du feu en provenance du ciel. Rien ni personne ne saura échapper à la catastrophe, car le temps de la grâce est arrivé à son terme. Le jugement va atteindre également la végétation, comme au temps de Noé. Dans tous les cas, c'est à cause de la méchanceté de l'homme que même la nature est sanctionnée par le Seigneur.

---

[180] Nous pouvons faire toute une « théologie de la montagne », les exemples étant nombreux.
[181] Textes de référence : Ex 3,1 ; 4,27 ; 24,13 ; Ez 28,14.16 ; Es 2,2 ; 10,32 ; 16,1 ; 30,29 ; 2 Chr 33,15 ; Mi 4,1-2 ; Nb 10,33 ; Ps 24,3 ; Za 8,3.

19.4. La femme de Loth

Tout se gâte à cause de la désobéissance de la femme de Loth. Selon toute vraisemblance, cette femme fut une Sodomite car Loth n'était pas marié quand il avait quitté son oncle Abram. La précision est donnée par le verset 26 : « *La femme de Lot regarda en arrière et elle devint une colonne de sel* » (TOB)[182].
Pour n'avoir pas obéi à l'injonction des envoyés de Dieu, elle va connaître une mort atroce. Elle est envahie par le sel de la région située près de la mer Morte, celle de Djebel Usdum. La désobéissance entraîne la mort. C'est ce que nous avons vu au sujet des premiers humains qui ont désobéi à Dieu, et qui de ce fait, ont entraîné la mort (physique et spirituelle)[183]. Madame Loth a pensé aux biens matériels abandonnés dans la fuite de la famille. Elle a ainsi tourné ses yeux vers des choses qui devaient périr avec les hommes, au lieu de regarder en direction de la montagne. Entre-temps, Loth et ses deux filles ont continué leur chemin. Très souvent les chrétiens rétrogrades entraînent plusieurs personnes dans leur chute. Ceux qui avancent malgré les épreuves obtiennent le salut. Si Loth avait osé s'occuper de ce qu'était devenue sa femme, il serait lui aussi puni. Mais il a préféré obéir à Dieu plutôt que de se compromettre. Puisque sa sortie de Sodome relève d'un miracle, Loth ne veut plus reculer. Il attend, dans Tsoar, que le feu qui s'abat sur Sodome et Gomorrhe s'arrête avant de continuer sa route.

19.5. Dieu se souvient d'Abraham

Le v.27 présente Abraham comme un vrai responsable. Il est soucieux, non seulement de Loth, mais aussi des habitants de Sodome et Gomorrhe. L'on se souviendra du Patriarche intercédant en faveur de ces gens qui vivaient dans le péché. Maintenant que les choses ont évolué dans le mauvais sens, Abraham est inquiet. Il se lève et regarde en direction de Sodome, de Gomorrhe et leurs environs comme pour les plaindre (v.28). Abraham avait probablement cru à la possibilité d'une repentance, mais il n'en était rien. Il ne peut que constater les faits : La fumée qui monte de la terre n'a rien à voir avec les sacrifices ou les

---

[182] Malgré son bon rôle d'assaisonner les aliments pour leur donner du goût et de la saveur (Job 6,6 ; Mc 9,50 ; Lc 14,34), le sel (מֶלַח *mèlaḥ*) peut être considéré comme un symbole de stérilité et de malédiction comme dans ce passage (*Abimélec attaqua la ville pendant toute la journée; il s'en empara, et tua le peuple qui s'y trouvait. Puis il rasa la ville, et y sema du sel*, Jg 9,45). Dans la loi sur les sacrifices, YHWH exigeait que l'on mette du sel comme signe de l'Alliance perpétuelle avec son peuple, appelée à juste titre « l'Alliance de sel », cf. Lv 2,13 : « *Tu mettras du sel sur toutes tes offrandes; tu ne laisseras point ton offrande manquer de sel, signe de l'alliance de ton Dieu; sur toutes tes offrandes tu mettras du sel* ». v.26 « colonne / statue de sel », נְצִיב מֶלַח, *netsîv mèlaḥ*.
[183] Rom 6,23 dit : « *Le salaire du péché, c'est la mort. Mais le don gratuit de Dieu c'est la vie éternelle en Jésus-Christ notre Seigneur* ».

holocaustes. C'est la fumée de la mort. Hommes et bêtes sont entrain d'expirer par la main de Dieu.

Au v.29, il est question du Seigneur Dieu qui se souvient d'Abraham comme s'il l'avait oublié un temps[184]. Pourtant, ce verset évoque la fidélité de YHWH vis-à-vis de son serviteur. D'ailleurs, le fait de sauver Loth constitue une sorte de récompense pour Abraham. S'il y a quelqu'un qui bénéficie de la bienheureuse promesse faite autrefois au Patriarche – celle de bénir sa postérité – c'est bien Loth.

La scène qui suit décrit la situation de dépravation des mœurs dans laquelle Loth et sa maisonnée ont vécus. Après avoir quitté le village de Tsoar, Loth et ses deux filles se réfugient dans une caverne, comme quoi la peur est toujours présente. Mais là il va se passer des choses ignobles qui doivent forcément faire penser à l'impiété de Sodome. Suite à la promiscuité engendrée par une plus grande proximité, la fille aînée conçoit une idée folle : coucher avec son propre père pour avoir une descendance étant donné que tous les hommes sont morts par la main du Seigneur. L'idée tourne dans sa tête, puis elle cherche comment la mettre à exécution. La petite est aussi invitée à participer activement à ce projet. Même si la raison donnée par les filles semble normale, il n'en reste pas moins qu'elles vont pécher aux yeux de Dieu. Elles vont faire boire leur père jusqu'à l'enivrer, puis elles passent à l'acte à tour de rôle. Il est dit que Loth ne s'était aperçu de rien. Cela signifie qu'il n'a pas reconnu ses filles à ses côtés ; il pensait probablement qu'il faisait l'amour avec son épouse (laquelle, pourtant, était devenue une statue de sel). Sa mémoire ne fonctionnait pas convenablement par l'effet de l'alcool. Les filles ne pouvaient que se vanter d'avoir ainsi joué un mauvais tour à leur père (cf. v.34).

---

[184] וַיִּזְכֹּר אֱלֹהִים אֶת-אַבְרָהָם wayyizkkor 'Elohîm 'èth 'Ab^{h}raham, « *Et 'Elohîm se souvint d'Abraham* » : Ce souvenir rappelle la miséricorde de Dieu envers son serviteur ; il intervient donc en sa faveur. Les rabbins rapprochent ce verset avec le Ps 8,5-9 où il est dit : « Qu'est-ce que l'homme pour que tu te souviennes de lui ? ». C'est donc que chaque verset fait allusion à un homme bien précis qui a marqué par ses mérites et ses pouvoirs l'histoire du peuple d'Israël... En fait la première question qui emploie le verbe *zakhar*, 'se souvenir', fait allusion à Abraham dont Dieu s'est souvenu (Gn 19,29) et la deuxième question qui emploie le verbe *paqad*, 'se soucier', 'visiter', fait allusion à Isaac dont la conception eut lieu après une visite de l'Eternel (Gn 21,1) », J. COSTA, *La Bible racontée par le Midrash*, Paris, Bayard, 2004, p. 181.

En conséquence, les deux filles se retrouvent enceintes dans un lieu où il n'y a d'homme que leur père. Loth ne pourra même pas nier les faits. Les enfants (tous garçons) qui naîtront porteront respectivement les noms de Moab et Ben-Ammi. Ce sont les ancêtres des Moabites et des Ammonites.

Chapitre 20

DE PEREGRINATIONS EN PEREGRINATIONS

Il y est encore question des pérégrinations d'Abraham. Il part de l'endroit d'où il avait reçu les envoyés de Dieu pour se rendre en direction du midi, le Néguev. Et en tant que pèlerin, il s'établit là où il peut, à la recherche de pâturages pour son gros et menu bétail.

20.1. Jugement d'Abimélek

A Guérar, il use du même mensonge qu'en Egypte au sujet de Sara. Craignant d'être maltraité par des gens dont il redoute la morale, il présente Sara comme sa sœur auprès du roi de Guérar, Abimélec[185]. Le roi n'hésite pas d'enlever Sara pour en faire sa femme. Mais il n'imagine pas que celui qui voit tout et qui défend ses serviteurs est toujours à l'œuvre. Il n'a donc pas fallu de plus d'une nuit pour mettre Abimélec en difficulté (cf. v.3). Le songe que reçoit le roi de Guérar est une interpellation très sérieuse. Dieu veut le punir sur-le-champ : « *Voici, tu vas mourir à cause de la femme que tu as enlevée, car elle a un mari* ». Le péché que commet Abimélec est celui de la convoitise des yeux. Il a commencé par convoiter la femme d'autrui, comme s'il n'en avait pas une. En tant que le Défenseur des faibles (innocents), Dieu intervient en faveur de Sara et de son mari. Le péché conduit à la mort.

Le texte donne une indication précieuse destinée à montrer qu'il n'est pas facile de s'approcher des oints de YHWH : « *Abimélec, qui ne s'était pas approché d'elle...* ». Cela veut dire qu'il n'a pas eu des rapports intimes avec Sara. Le Seigneur est intervenu miraculeusement pour que rien de pareille ne puisse arriver à sa servante (cf. v.6). La question posée par Abimélec montre la souffrance morale de cet homme. Il se rend bien compte qu'il est coupable d'avoir enlevée la femme d'autrui. On parlerait aujourd'hui de séquestration. Si la nation est juste, où est la justice de ceux qui l'habitent ? (v.4b).

---

[185] Ce nom signifie littéralement : « *Mon père est roi* » (אֲבִימֶלֶךְ).

Si le roi lui-même est un aveugle spirituel, comment la nation peut-elle être déclarée juste ? Abimélec donne des arguments qui vont même faire changer la décision du Seigneur, mais à condition qu'il ne perde pas une seule minute pour rendre à Abraham sa femme. S'il dit avoir agi avec un cœur pur et des mains innocentes, c'est que la faute revient à Abraham et à Sara puisqu'ils ne lui ont pas dit la vérité (cf. v.5). Dieu voit la peine d'Abimélec ; il reconnaît qu'il a agi en toute innocence, mais il lui est demandé de vite rendre la femme à son mari.

20.2. Intercession d'Abraham

Même si le Seigneur ne semble pas faire des reproches à Abraham, il va l'humilier en lui demandant de prier pour ce roi païen. Aussi, c'est la première fois qu'apparaît le terme « prophète » נָבִיא ($nab^h\hat{\imath}$'). Nous pouvons comprendre qu'Abraham est le premier prophète de la Bible. Malgré toutes les fautes commises par le Patriarche, Dieu lui manifeste encore sa grâce en le qualifiant de « prophète ». Ceci prouve la fidélité de YHWH à sa promesse de bénédiction faite autrefois à son serviteur. Quant à Abimélec, il est obligé de rendre la femme d'Abraham de peur qu'il ne meure, avec tout ce qui lui appartient (v.7).

Si la nuit a été agitée pour Abimélec, ce n'est qu'au matin qu'il se rend compte de la réalité contenue dans le songe reçu. Après avoir parlé à ses serviteurs, il va faire venir Abraham pour lui demander des comptes. Il lui pose des questions très sérieuses, et Abraham donne des réponses quelque peu évasives. Il avait des préjugés sur les gens du pays, comme quoi ils n'avaient aucune crainte de Dieu. Ceci étant, Abraham a craint pour sa vie. Le v.12 précise les vraies relations d'Abraham avec Sara : « *...Il est vrai qu'elle est ma sœur, fille de mon père ; seulement, elle n'est pas fille de ma mère ; et elle est devenue ma femme* ». Abraham avoue sa faute, car c'est bien lui qui avait demandé à Sara de se présenter partout comme sa sœur. C'est là une instigation au péché. Abraham voulait bien se protéger, oubliant les promesses du Seigneur Dieu. Sa situation est celle de beaucoup de personnes qui cherchent à se débrouiller devant certaines circonstances qu'elles redoutent. Devant des épreuves, on cherche des solutions ailleurs qu'auprès de Dieu.

Enfin, Abimélec fait tout pour réparer le tort causé à Abraham. Il lui remet des précieux cadeaux (v.14) ; puis, lui accorde la possibilité de s'établir là où il veut, dans l'ensemble du pays. Comme ce fut le cas pour le Pharaon (ch. 12), Abimélec donne également des serviteurs et des servantes à Abraham. Mais en plus, il va réhabiliter Sara en donnant des cadeaux comme amende pour l'avoir prise (v.16). Désormais, que ceux qui la verront sachent que c'est une femme qui est restée fidèle à son mari. Parlant du voile (v.16), la TOB commente : « Il s'agit probablement d'un acte symbolique de portée juridique. Chez les Arabes par exemple, le voile sert à distinguer les femmes mariées des autres (cf. Tamar : ch.38) »[186].

Tout étant fait dans les normes acceptables, Abraham peut maintenant intercéder en faveur d'Abimélec. Ici, il y a une leçon intéressante : Abraham ne se venge pas ; il prie même pour celui qui s'est comporté envers lui en ennemi. Cela ne veut pas dire qu'il a approuvé le péché. Au contraire, il honore son Dieu devant les païens. Tout esprit de vengeance va à l'encontre de la volonté du Seigneur. Enfin, la récompense d'Abimélec est grande car il a obéi à l'ordre de YHWH: il est guéri. Ceci suppose qu'il était malade, moralement, physiquement et spirituellement. Toutes ses servantes et ses femmes seront désormais en mesure d'enfanter. Dieu les avait donc rendues stériles à cause du péché de leur maître (v. 17-18)[187].

Cette histoire nous fait comprendre qu'à cause du péché d'un individu, plusieurs autres personnes risquent d'être punies. Il suffit de faire les choses comme Dieu le demande pour que tout rentre dans l'ordre.

Chapitre 21
NAISSANCE D'ISAAC

Maintenant que tout est rentré dans l'ordre, Dieu met à exécution son plan de salut pour la famille d'Abraham. L'épisode précédent faisait mention de femmes qui ne pouvaient pas enfanter à cause de la plaie infligée par YHWH à la maison d'Abimélec. C'était une bonne manière d'introduire le récit du chapitre 21 concernant la naissance d'Isaac. D'ailleurs le v.1 donne cette indication : « *Or, l'Eternel s'était souvenu de Sara, comme il l'avait dit, et il fit à Sara ainsi qu'il l'avait annoncé* » (TM, Ed. bilingue).

---

[186] Voir note d.
[187] Le texte a : « *Car YHWH a fermé toute matrice dans la maison d'Abimélek* » : Kî 'atsor 'atsar Adonaï b^e'ad kol-rèḥèm l^ebayth 'Ab^hîmèlèkh (כִּי־עָצֹר עָצַר יְהוָה בְּעַד כָּל־רֶחֶם לְבֵית אֲבִימֶלֶךְ).

Les deux parties de ce verset disent presque la même chose. L'on comprend dès lors qu'il s'agit ici d'une insistance sur ce que Dieu est capable de réaliser.

21.1. Rien n'est impossible à Dieu

Malgré son âge avancé (cent ans, v.5), Sara conçoit et enfante un fils à Abraham (v.2). Dieu accomplit toujours ce qu'il promet. Et lorsqu'il réalise ce qui est dans son plan, l'homme s'émerveille. Abraham va nommer son fils Isaac[188]. Sara est comblée et elle va oublier la honte liée à sa situation. Elle peut allaiter un enfant comme le font toutes les femmes qui enfantent. Dieu l'a élevée, elle est guérie de son ignominie. C'est ce qu'elle exprime lorsqu'elle fait sa « confession » : « *Dieu m'a donné un sujet de rire (Tseḥoq 'asah lî)* ! *Quiconque l'apprendra rira à mon sujet (Yitsḥaq–lî)* » (TOB). L'édition bilingue du TM interprète ce verset : « *Dieu m'a donné une félicité, et quiconque l'apprendra me félicitera* » (v.6).

Pour mieux comprendre le sens de cette confession, nous devons en retrouver le contexte à travers la signification du nom donné à l'enfant. Sara avait toutes les raisons d'invoquer son propre rire ainsi que celui de quiconque serait informé de sa nouvelle condition. La lecture faite par la TOB répond au contexte.
Quant au TM, il donne une interprétation de ce que devait être l'étonnement de Sara en devenant mère à cent ans. C'est ce que nous lisons au v.7. Personne n'aurait cru que Sara fût encore en mesure d'enfanter. Nul n'aurait pu encourager Abraham à persévérer jusqu'à la fin. La confession de Sara est une véritable profession de foi. C'est sa façon d'exprimer sa reconnaissance envers le Tout Puissant.

21.2. Saut d'humeur de Sara

Depuis la naissance d'Ismaël, tous les enfants mâles nés de la descendance d'Abraham seront circoncis. Isaac l'est également dès qu'il atteint son huitième jour. Ce geste va aussi dans le sens de l'obéissance du Patriarche. Mais Isaac est le fils de la promesse. Voilà pourquoi un accent particulier est mis sur lui dans la suite du récit. Le jour du sevrage donne l'occasion à son père d'organiser une grande fête à son honneur. C'est un privilège qui n'a pas été fait à Ismaël ni à aucun autre enfant né dans la maison d'Abraham. Pendant qu'Abraham est occupé à faire plaisir à son fils, Sara elle, s'intéresse à Agar et à son fils Ismaël.

---

[188] Ce nom est en rapport avec le rire d'Abram et de Sara (supra).

Elle est jalouse et demande à Abraham de les chasser de sa tente (v.10). Le but de ce saut d'humeur est bien exprimé dans ce verset : « ... *car le fils de cette servante ne doit pas hériter avec mon fils Isaac* » (TOB)[189]. Sara veut absolument préserver les intérêts de son fils ; elle oublie pourtant qu'Ismaël est aussi fils d'Abraham.

En fait, lorsqu'on ne voit que ses propres intérêts, il est difficile de faire du bien aux autres[190]. Mais plus que cela, le texte pose, en termes voilés, la question de la polygamie (ici la bigamie). Il n'est pas facile de « gérer » deux épouses. Le risque peut être grand même pour les enfants qui n'y sont pour rien. Ils courent pourtant le risque de devenir de véritables « boucs émissaires ». C'est ce qui va se produire vis-à-vis d'Ismaël.

Quant à la réaction d'Abraham, elle est bien celle d'un grand responsable, d'un homme qui veut assumer toutes ses responsabilités jusqu'au bout. Abraham ne partage pas cette façon de voir les choses ; il pense à son fils Ismaël (v.11).
Mais le Patriarche reste attentif à la voix du Seigneur qui lui parle des cieux. Rien ne sert donc de s'irriter contre Sara. Abraham devra simplement suivre les exigences de son épouse. Il n'a pas à rougir car cette réaction est connue, et même acceptée de Dieu. C'est Isaac qui sera l'héritier de la promesse ; mais Ismaël sera aussi béni car il est descendant d'Abraham (v.12-13). Une fois de plus, le Patriarche obtempère ; il ne discute pas. Au contraire, c'est lui qui prépare les provisions pour Agar et son fils (v.14). Il les renvoie en Egypte.

21.3. Dieu vient au secours d'Agar et d'Ismaël

Agar ne semble pas avoir d'indications précises pour retrouver le bon chemin qui mène vers son pays d'origine. Voilà pourquoi elle va s'égarer en plein désert de Beer-Shev'a. Plus grave encore, l'eau de l'outre s'épuise et il fait très chaud. Agar se fait des soucis pour son fils. Elle préfère l'abandonner sous un arbuste plutôt que de le voir entrain de mourir (v.15-16). Dans sa révolte mêlée de colère et d'amertume, elle ne peut que pleurer. Seulement elle a du respect pour son maître Abraham et pour sa maîtresse Sara au point qu'elle ne leur impute

---

[189] Le verbe « hériter » (יָרַשׁ, yarash) veut dire prendre possession, posséder par exemple une propriété, une terre, un bien. Israël a reçu en héritage la terre de Canaan de la part du Seigneur de toute la terre (cf. Dt 3,18ss ; Ps 25,13 ; etc.). Même sens en Grec (*klèronoméo*) = Possession, propriété reçu en héritage de ses pères (voir Ruth 4,5.10).
[190] En Philippiens 2,4, l'apôtre Paul recommande aux chrétiens de faire passer les intérêts des autres avant leurs propres intérêts à l'exemple du Christ qui s'est offert lui-même pour sauver l'humanité pécheresse.

aucune injustice. Mais l'enfant abandonné pleure à son tour car il est en insécurité.

Dieu qui n'abandonne jamais ses enfants, interpelle Agar[191]. Sa promesse de faire d'Ismaël une grande nation devra se réaliser. D'ailleurs, le fait de donner de l'eau à Agar et son fils en plein désert prouve combien Dieu demeure à jamais le pourvoyeur des besoins de ses enfants. Agar devait donc se rendre compte que le Dieu qui s'était révélé à elle contrôle toute situation dans sa vie (cf. 16,14).

Les versets 20-21 parlent du lieu d'habitation d'Ismaël ainsi que de son métier de tireur d'arc (רֹבֶה קַשָּׁת $rob^heh\ qashshath$). Son mariage avec une Egyptienne le ramènera chaque jour au pays de la naissance de sa mère Agar. Ici se dessinent deux peuples issus d'Abraham : Ismaël et Isaac n'iront pas dans la même direction. Le premier est l'ancêtre des Arabes tandis que le second est l'ancêtre des Israélites. Aujourd'hui encore, ces deux peuples sont antagonistes.

La seconde partie du chapitre aborde un autre épisode de la vie d'Abraham. Il s'agit de sa deuxième rencontre avec Abimélek, suivie cette fois-ci de la conclusion d'une alliance entre les deux personnages (v. 22-27). A travers la demande d'Abimélek on voit une certaine crainte se dessiner en lui car il redoutait Abraham. Il savait que Dieu soutenait cet homme (v.22b). Il s'était sans doute rappelé l'incident survenu lorsqu'il voulait s'emparer de la femme de l'homme de Dieu (cf. ch.20). D'où, il fallait vite conclure un pacte de non agression pour ne pas avoir affaire avec Dieu. Il avait compris qu'il « vaut mieux avoir le Dieu d'Abraham pour ami que pour ennemi »[192]. Abraham profite de ce pacte pour présenter au roi de Guérar ses doléances au sujet du puits dont ses serviteurs s'étaient rendus maîtres. Mais comme Abimélek n'était pas informé de la chose à temps, il a dû se plaindre. Par respect et pour cimenter l'amitié, Abraham lui offre une importante quantité du menu et du gros bétail. Quant aux sept brebis mises de côté, Abraham veut les remettre personnellement à Abimélek comme un gage, une sorte de tribut payé pour le droit d'accès au puits. Abraham veut éviter toute confusion, car c'est bien lui-même qui a creusé le puits en question[193].

---

[191] Le v.17 ne parle que des pleurs de l'enfant alors qu'Agar a aussi pleuré. L'accent mis sur Ismaël répond à la promesse de faire de lui une grande nation. Mais il est clair que Dieu a entendu les pleurs de l'un et de l'autre.
[192] CH. ROCHEDIEU, op. cit., p. 59.
[193] Le nom de Béer-Shéva (בְּאֵר שָׁבַע) donné au lieu de la conclusion d'Alliance signifie à la fois « puits du serment » ou « puits des sept » (TOB). En Hébreu, le chiffre 7 se dit « shéva' », et il apparaît ici en rapport avec les brebis. Et aussi, le verbe « jurer », « prêter serment » vient de la racine Shava'. Cette

Le pacte étant ainsi signé (v.32), Abimélek peut retourner en paix au pays des Philistins, c'est-à-dire dans son pays (cf. 10,14). Quant au Patriarche, il est préoccupé par le culte qu'il est appelé à rendre à son Dieu. Il plante un arbre (tamaris), et sous cet arbre il invoque le Dieu Eternel ('*El 'Olam*, אֵל עוֹלָם). Désormais, il devient sédentaire dans ce pays habité par des Philistins. Et il peut y servir le Seigneur en toute quiétude.

Chapitre 22
L'ULTIME ÉPREUVE

C'est l'un des chapitres les plus émouvants de l'histoire d'Abraham. Il y est question de ce que l'on peut désigner par « une épreuve suprême »[194]. Le premier verset fait une bonne transition entre ce qui précède et ce qui suit. L'expression « *Après ces événements, il arriva que...* » וַיְהִי אַחַר הַדְּבָרִים הָאֵלֶּה (*Wayhî 'aḥar hadbʰarîm ha'éllèh*) nous aide à comprendre qu'il y a un lien entre les deux chapitres.

22.1. L'ordre de Dieu à Abraham

Soulignons quelques faits qui attirent l'attention de tout lecteur averti :
- Quand Dieu appelle Abraham, il prononce son nom. C'est pour montrer qu'il ne fait jamais de confusion ; il appelle qui il veut en citant son nom. Il appelle toujours pour un but précis. Et ici Dieu confie à son serviteur une responsabilité qui, apparemment va à l'encontre de la mission première, celle d'être le père d'une multitude de peuples. Pourtant, la mise à l'épreuve est destinée à tester la foi d'Abraham en ce Dieu qui l'a conduit jusqu'ici. Dieu ne tente personne, mais il peut mettre son serviteur à l'épreuve.
- « Me voici » (הִנֵּנִי *Hinnénî*) : C'est la disponibilité à accomplir une tâche. Nous pouvons interpréter cette expression de la manière suivante : « *Parle Seigneur, je suis disposé à faire tout ce que tu m'ordonneras* » ou : « *Je suis ton serviteur, demande-moi ce que tu veux et je le ferai* ». Abraham vit en intimité avec son Dieu ; voilà pourquoi il l'écoute avec une attention soutenue.

étymologie est valable pour la ville israélite de Béer-Shéva dans le Sud.

[194] La racine נסה verbe « *nasah* » veut dire « mettre à l'épreuve ». Ici c'est la forme intensive נִסָּה (*pi'el accompli*) qui est usitée pour marquer l'insistance.

- L'ordre de Dieu est à l'impératif : « **Prends** *ton fils, ton unique, celui que tu aimes – Isaac ;* **pars** *au pays de Moriyyah, et là* **offre-le** *en holocauste sur l'une des montagnes que je te désignerai* » (v.2)[195]. Cette montagne était connue de Dieu seul.

Abraham n'avait qu'à suivre la direction dans laquelle Dieu le convie. Les trois verbes sont des verbes d'action. Il est dit qu'Abraham devra agir lui-même. Il ne se fera pas remplacer par quelqu'un d'autre ; c'est lui qui devra exécuter l'ordre du Seigneur. D'autre part, nous lisons dans ce verset une insistance sur ce que représente Isaac pour Abraham : son fils unique, objet de son amour. Il est demandé au Patriarche de sacrifier son propre fils sur l'autel. Ceci veut dire que rien dans la vie d'un serviteur de Dieu ne peut être objet d'un culte idolâtrique. Abraham apprend chaque jour à ne pas s'attacher aux acquis.

22.2. L'obéissance d'Abraham mise en exergue

Abraham est confiant en son Dieu et peut compter sur sa fidélité. Même s'il ne comprend pas encore comment les choses vont se passer, il obéit en faisant confiance à Dieu. Il fait tous les préparatifs sans en avertir Sara qui, de toute évidence, ne serait pas d'avis qu'on lui enlève son unique enfant. Voilà pourquoi, au v.3 nous retrouvons des verbes d'action. Abraham se lève de grand matin, scelle son âne, prend avec lui deux de ses serviteurs ainsi que son fils Isaac, fend le bois pour le sacrifice et se dirige quelque part, au lieu que Dieu va lui montrer[196]. Le Patriarche a dû probablement penser à Ismaël, mais il a les regards fixés sur la promesse divine.

---

[195] Les rabbins imaginent un scénario où Abraham aurait réagi à la demande du Seigneur : « Dieu a dit à Abraham :'Je t'en prie (na), **prends ton fils**'. Abraham lui répondit : *J'ai deux fils, lequel est le fils que tu demandes ?* Dieu ajouta : '**Ton unique**'. Abraham lui répondit : *L'un est unique pour sa mère et l'autre est unique pour sa mère.* Dieu ajouta : '**Celui que tu aimes**'. Abraham lui répondit : *Ya-t-il des limites à l'amour que j'éprouve pour chacun de mes deux enfants au fond de moi ?* Dieu ajouta : '**Isaac**'. Et pourquoi Dieu ne lui a-t-il pas révélé *le nom d'Isaac* d'emblée ? C'était afin de rendre *Isaac* plus cher aux yeux d'Abraham et afin de donner une récompense pour chacune des paroles », J. COSTA, *op.cit.,* p. 49-50.

[196] Dans Hébreux 11,17-19, il est question de la foi d'Abraham comme un modèle de pleine confiance au Seigneur. D'autre part, tous les symboles du sacrifice du Christ se retrouvent dans ce texte : Isaac est le type de Christ car on le verra entrain de porter le bois comme Jésus a porté lui-même sa croix (cf. v.6) ; Le bois, c'est le symbole de la croix.

- Le troisième jour (*Bayyôm hashlîshî*, בַּיּוֹם הַשְּׁלִישִׁי) : Jour de décision pour Abraham[197]. Il a levé les yeux car il marchait en direction de la montagne. Il ne pouvait pas les baisser car il regardait vers un lieu élevé. La précision du lieu est importante. Puisqu'il a marché avec le Seigneur, Abraham n'a pas eu de peine de reconnaître l'endroit (הַמָּקוֹם *(ha), article), Maqôm*). Ayant aperçu l'endroit que Dieu lui indiquait, Abraham abandonne ses serviteurs au bas de la montagne. Il veut être le seul témoin de ce qui va se passer là. La raison qu'il donne convainc les serviteurs car il leur parle d'un culte que lui et le jeune homme (הַנַּעַר *hanna'ar*) vont rendre à Dieu sur la montagne[198]. C'était probablement pour les empêcher de vivre une scène horrible qu'ils pourront facilement raconter à Sara. Mais ici se dessine aussi la foi d'Abraham car il parle d'adoration à la montagne, puis du retour avec le fils. Ceci préfigure la fin de l'histoire, car après tout Abraham et Isaac reviendront de la montagne.
- Le bois du sacrifice : Abraham charge le bois (הָעֵצִים, *ha'étsîm*) sur son fils bien-aimé. « L'agneau » pour l'holocauste (הַשֶּׂה לְעֹלָה, *hassèh le'olah*) porte lui-même le bois sur lequel il sera sacrifié[199]. Mais le Patriarche prend sur lui le feu et le couteau.

Ce sont des éléments dangereux en soi car le feu brûle et le couteau blesse. Et il ne faut pas les donner à un jeune garçon. L'amour du père pour son fils le pousse à le protéger des dangers.

22.3. A la montagne Dieu pourvoira
Ou l'Agneau pour l'holocauste

- Où est l'agneau pour le sacrifice ? *V^e'ayyèn hassèh l^e'olah* וְאַיֵּה הַשֶּׂה לְעֹלָה (v.7). Telle est la question qu'Isaac pose à son père. Il a bien remarqué que tout était prêt pour le sacrifice sauf l'agneau (הַשֶּׂה, *hassèh*) qui faisait défaut[200]. Isaac avait assisté à maintes reprises aux sacrifices qu'offrait son père et il savait que sans l'agneau (victime), l'holocauste ne pouvait

---

[197] Nous pouvons nous référer aux trois jours que Jonas a passés dans le sein du grand poisson, mais aussi au jour de la résurrection du Seigneur Jésus d'entre les morts.
[198] C'est le même mot qui traduit à la fois « serviteur », *ses serviteurs* (pluriel) נְעָרָיו et « jeune homme », c'est-à-dire Isaac הַנַּעַר dans le texte (v.5). Comme quoi, le fils est aussi serviteur.
[199] C'est également une symbolique de Jésus portant lui-même sa croix. Il est l'Agneau de Dieu qui enlève le péché du monde.
[200] Cette question posée par Isaac autrefois trouve son accomplissement dans le Nouveau Testament lorsque Jean-Baptiste désigne Jésus en disant : « *Voici l'Agneau de Dieu qui ôte le péché du monde* » ou « *Voilà l'Agneau de Dieu* » (Jn 1,29.36). Là où Isaac pose la question, Jean donne la réponse.

pas avoir lieu. En plus, il avait bien suivi ce que le père avait dit aux serviteurs. Isaac aurait soupçonné un oubli de la part de son père car le sacrifice ne se fait pas seulement avec le bois, le feu et le couteau ; il faut une bête qui doit être la victime.

- « Dieu pourvoira » : La réponse du patriarche à la question anxieuse de son fils relève de la foi en ce Dieu qui voit par avance (*'Elohîm Yirèh-lô hassèh l^e'olah* אֱלֹהִים יִרְאֶה־לּוֹ הַשֶּׂה לְעֹלָה). Abraham avait mis toute sa confiance en ce Dieu qui ne pourra jamais le décevoir. Il savait que lui seul avait la solution. Ce n'était donc pas important de dire à Isaac : « *C'est toi qui sera la victime* ». Ce serait moins sage de la part d'un père. Abraham sait que l'heure de la décision va bientôt sonner. Il essaie de réconforter son fils en lui parlant de Dieu qui voit avant d'être vu. Voilà pourquoi tous deux continuent leur chemin en apprenant à faire de plus en plus confiance au Seigneur (v.8).

- « N'étends pas la main sur le l'enfant! » (אַל־תִּשְׁלַח יָדְךָ אֶל־הַנַּעַר : *'al-tishlaḥ yad^{e}kha èl-hanna'ar*) Abraham tient à faire la volonté de son Dieu et il va jusqu'au bout. Après avoir reconnu l'endroit que Dieu lui avait indiqué, il s'arrête mais n'attend pas d'accomplir ce pour quoi il est allé à la montagne. Notons les six verbes d'action aux v.9-10[201] : Abraham construisit un autel (וַיִּבֶן *wayyib^{h}èn*, de *bana'* : construire, bâtir), fendit le bois (וַיְעָרֹךְ *wayya'arok^{he}*, de *'arak* : disposer, fendre), lia son fils (וַיַּעֲקֹד *wayya'aqod*, de *'aqad* : lier, ligoter), le posa sur l'autel (וַיָּשֶׂם *wayyasèm*, de *sîm* : déposer, poser), étendit la main (וַיִּשְׁלַח , *wayyishlaḥ*, de *shalaḥ*: étendre, envoyer), saisit le couteau (וַיִּקַּח *wayyiqqaḥ* de *laqaḥ*: prendre, saisir) pour immoler son fils. Il fallait six et pas sept, autrement l'action serait accomplie. Lorsqu'Abraham veut accomplir la septième action, celle qui consiste à égorger son fils, Dieu arrête sa main. Le Seigneur a vu en lui l'homme selon son cœur. Le plus important aura été qu'Abraham a accordé à Dieu la première place, et Isaac venait après. Dieu ne veut pas le sacrifice humain, mais il exige une obéissance qui va jusqu'au sacrifice. Voilà pourquoi, à la place d'Isaac, Dieu s'est pourvu d'un agneau. C'est en même temps le principe de substitution qui est mise en exergue. L'agneau va mourir à la place de l'enfant (v.13). Et l'endroit devient tout un symbole ; il sera appelé « *Adonaï ('Elohîm) Yirèh* », car à la montagne de Dieu, il sera pourvu. Puisque le Patriarche n'a pas épargné son fils unique, objet de son amour,

---

[201] Et tous ces verbes sont conjugués à l'inaccompli consécutif qal, 3ème pers. Masc. Sg. Pour indiquer la succession ou le rythme de l'action. Un septième verbe n'est est à l'infinitif לִשְׁחֹט, *lishḥoṭ*, "pour égorger".

Dieu renouvelle son alliance en rappelant les promesses faites autrefois, à savoir :
- 1. Abraham sera comblé de faveurs ;
- 2. Sa descendance sera comme le sable qui est au bord de la mer ou comme les étoiles dans le ciel ;
- 3. Dieu mettra les ennemis de son serviteur en déroute ;
- 4. Toutes les nations de la terre seront bénies en lui (v.16-18).

Sacrifice d'Isaac (ou d'Abraham), selon Laurent de LaHire, 1650.

L'ultime épreuve passée et réussie, Abraham retourne à Beer-Shev'a (litt. Lieu des sept puits) où il va continuer ses activités.

A partir du v.20, nous retournons à l'histoire de la famille élargie du patriarche. Il y est question des nouvelles concernant Naḥor, frère d'Abraham et de ses descendants[202].
Surtout, nous y voyons une allusion à la naissance de Rebecca comme pour introduire l'épisode de son mariage avec Isaac au chapitre 24. Mais avant d'en arriver là, nous sommes en présence d'une autre histoire : celle d'une alliance entre Abraham et les habitants de Canaan.

---

[202] Curieusement, le nombre total des fils de Naḥor est Douze, ce qui peut être interprété comme un prélude aux Douze fils de Jacob. En fait, les descendants des Patriarches qui sont les plus en vue ont chacun douze fils : Ismaël (17,20 et 25,12-16), Jacob (35,22-26), Esaü (36,10-14). Ce chiffre est aussi représentatif des tribus d'Israël dans le Nouveau Testament : Douze disciples du Christ ; Douze apôtres (Mt 20,17 ; Ac 1,26 ; Ap 21,14) ; etc. D'une façon générale, dans l'Ancienne Alliance, le nombre Douze exprime la totalité de la vie car il est le produit de la multiplication de Trois (chiffre désignant le ciel) par quatre (chiffre désignant la terre). Ainsi, dans ce chiffre le ciel et la terre sont unis. Voilà pourquoi, même le nombre des mois de l'année est Douze, tout comme les Douze heures de la journée. Le chiffre de 144.000 dont il est question dans Ap 7,4ss, c'est 12 x 12 x 1.000, comme pour témoigner de l'action complète du Seigneur Dieu de l'univers.

Chapitre 23
LA MORT DE SARA

Après tant d'années vécues ensemble, Sara meurt et se sépare de fait d'avec Abraham. Elle meurt comblée car Dieu l'a bénie par la naissance d'Isaac. Elle a ainsi connu une heureuse vieillesse (127 ans). La ville de Kiryat-Arba (ou « Ville d'Arba ») où elle meurt se nomme aussi Hébron (v.2a, cf. Jos 14,15). La peine d'Abraham de perdre son épouse le pousse à prononcer des paroles funèbres tout en pleurant. Pour le Patriarche, il ne fallait pas plus car c'était sa manière d'honorer celle qui a partagé une grande partie de sa vie. C'est toujours douloureux de voir quelqu'un de cher mourir sous ses yeux. Mais après tout, il faut savoir se lever et continuer sa route. Abraham prend toutes ses responsabilités au sérieux ; il se met à la recherche d'un sépulcre décent pour pouvoir enterrer le corps de Sara.

D'ailleurs, malgré les années passées en terre cananéenne, Abraham se considérait toujours comme un étranger résidant, un *gér v^{e}thôshab* (גֵּר-וְתוֹשָׁב, rac. *Yshb*= *résider, demeurer, rester :*). Il passe par les fils de Heth[203], et ceux-ci le considèrent plutôt comme un seigneur, et non comme un étranger (v.6). Ils le prennent plutôt comme un dignitaire que Dieu a placé sur leur chemin.
C'est la raison pour laquelle ils ne lui opposent aucune résistance. Bien au contraire, ils l'accueillent et lui répondent favorablement. Cette manière de traiter des personnes dotées par Dieu d'une autorité procure toujours des bénédictions. L'accueil des fils de Heth constitue un modèle d'accueil de l'étranger. En dehors de la personne qu'on a devant soi, si l'on pouvait voir son Dieu agissant à travers elle, tous les préjugés tomberaient. En plus, Il n'est pas nécessaire de faire des leçons à quelqu'un qui se retrouve en situation difficile.
Au v.8, nous voyons le Patriarche sollicitant la faveur des fils de Heth pour que ceux-ci abordent 'Ephrôn et que ce dernier consente à lui accorder le caveau de Makpélah afin d'y ensevelir sa femme. Abraham se prosterne devant ses interlocuteurs (v.7) en signe de respect ; mais c'était aussi pour lui un sacrifice d'adoration à son Dieu (cf. v.12). Il ne veut pas s'emparer de quoi que ce soit par la violence, au nom de la promesse de Dieu ; il ne veut pas non plus accepter de ne rien payer (v.11-16). Pour lui, il est important que le geste à poser vis-à-vis du cadavre de sa femme lui coûte quelque chose. C'est cela l'amour. Nul ne peut réellement servir Dieu et ses semblables s'il ne consent également à payer le prix.

---

[203] Les fils de Heth sont des populations d'origine sémitique.

Le cas d'Abraham est une véritable illustration du don de soi. Il discute avec 'Ephrôn et le contraint en quelque sorte à pouvoir accepter le prix qu'il est prêt à payer, soit quatre cent sicles d'argent. Il y a ici également une leçon d'amour du prochain. Pour 'Ephrôn le plus important n'est pas de gagner de l'argent, mais de gagner l'amitié de l'homme de Dieu et donc sa bénédiction. C'est une question de choix.

En fin de compte, Abraham paie les quatre cents sicles d'argent et acquiert le champ, le caveau ainsi que tous les arbres. Toute la négociation était faite en présence d'un grand nombre de témoins composé des fils de Heth ainsi que de tous ceux qui étaient à la porte de la ville comme l'avait voulu 'Ephrôn lui-même (cf. v.10,12,16,18). Ainsi, tout est en ordre pour que le Patriarche enterre sa femme. Et aujourd'hui encore, sous les chênes de Mamré se trouvent les tombeaux des Patriarches (à Hébron).

Chapitre 24
UNE EPOUSE POUR ISAAC

L'histoire qui est racontée dans ce long chapitre concerne les démarches entreprises par Abraham pour procurer une épouse à son fils Isaac. Le chapitre est introduit par un constat : « *Or Abraham était vieux, avancé dans la vie ; et l'Eternel avait béni Abraham en toutes choses* » (v.1, TM Ed. bilingue). La mort de Sara a profondément affecté le Patriarche. Et lui-même, pensant à son corps usé, prend des initiatives en faveur du fils de la promesse. Le serviteur le plus ancien dans la maison d'Abraham fut probablement Eliézer (v.2). Le geste sollicité par le maître a pour signification de rendre le serment plus solennel. Pour ce faire, le serviteur devra jurer fidélité vis-à-vis de l'héritier : - Ne pas lui faire épouser une femme Cananéenne, c'est-à-dire une étrangère aux prescriptions divines ; - Chercher pour Isaac une femme originaire du pays d'Abraham, de sa famille ; - Qu'Isaac ne retourne pas en Chaldée.

24.1. Pas de femme étrangère

Le danger que redoute Abraham est celui de l'idolâtrie. Dans le pays de Canaan, on adorait plusieurs dieux dont les principaux sont : Baal et Astarté. Tout lien par le mariage risquait de compromettre l'accomplissement des promesses de YHWH faites au Patriarche.

A travers l'Ancien Testament, on voit clairement exprimée cette interdiction pour les enfants d'Israël d'épouser des femmes étrangères car cela était directement lié au culte idolâtrique (cf. Nb 25,1-2 ; 31,16 ; Pr 2,16).

- **La femme idéale** : Abraham tient à préserver la pureté lors de l'accomplissement des promesses divines. Il veut qu'Isaac soit réellement son digne remplaçant afin d'être comme lui « *celui en qui toutes les familles de la terre seront bénies* ». Pour y arriver, il ne faudra pas de mélange contre-nature. Dès lors, le doute du serviteur (v.5) n'a pas sa place. Il doit simplement obtempérer (cf. v.6). D'ailleurs, si la femme n'acceptait pas d'accompagner Eliézer, ce sera un signe qu'elle n'est pas l'élue de Dieu pour Isaac (cf. v.8).
- **Retour aux valeurs ancestrales ?** : Isaac n'aura pas à retourner à Our en Chaldée de peur qu'il devienne idolâtre. Et puis, comme Dieu avait déjà fait sortir le père de ce monde un tel retour comporterait d'énormes risques. Lorsqu'on sort d'une situation périlleuse, il faut aller de l'avant.

Ce sont donc les raisons évoquées par le Patriarche pour que soit scellée l'alliance avec Eliézer. Et ce dernier consent à honorer son maître dans les moindres détails, devant le Seigneur Dieu de l'univers (v.3). Abraham rassure son serviteur de la présence permanente de l'ange de Dieu (*Mal'ak Adonaï* = Envoyé (Ange) de l'Eternel ; ici : מַלְאָכוֹ *Mal'akô* = son envoyé) pour le guider en chemin (v.7). Il est donc question du rappel de la fidélité du Seigneur dans ces paroles rassurantes du Patriarche. Il parle du Dieu qui l'a fait quitter la maison de son père et lui a juré d'être son Dieu désormais[204]. Le serviteur n'hésite plus ; il prépare son voyage après avoir posé sa main sur la cuisse d'Abraham, son maître, en signe d'engagement par serment (v.9). Il se rend en Mésopotamie du nord, là où habitaient les Araméens, ancêtres d'Israël. La ville de Nahor citée ici se situe au nord-est de d'Hébron (autrement appelé « Charan », cf. Gn 27,43). C'est donc là que se trouvait la parenté d'Abraham, et la future épouse d'Isaac sera en fait sa cousine (v. 15).

Comme le voyage allait prendre plusieurs jours, le serviteur a pris toutes les précautions avec une imposante caravane ainsi que des provisions en grande quantité et des cadeaux selon la coutume de l'époque[205]. Lorsque le serviteur d'Abraham arrive près d'un puits, il attend un signe du ciel. Il ne peut rien faire sans demander la volonté de Dieu. Sa prière (v.12) est une véritable action de

---

[204] Le rappel de cet engagement est rendu ici par l'expression נִשְׁבַּע-לִי, nishbba'-lî (*il m'a juré*).
[205] La ville de Naḥor se situe à environ 800 km au nord d'Hébron, Cf. Ch. ROCHEDIEU, *op. cit.* p.62.

grâces. Il ne juge que par le nom de son maître. Sa demande est simple : Que le Seigneur Dieu lui fasse rencontrer la jeune fille qui répondra aux attentes d'Abraham. Eliézer sait que Dieu est fidèle et qu'il va honorer sa promesse faite à son serviteur Abraham. C'est la raison pour laquelle il désigne le Seigneur par « Dieu de mon maître Abraham ». Comme le signale Rochedieu, *« la foi d'Abraham est contagieuse ; elle produit chez Eliézer des fruits exquis, humilité et dévouement. Heureux Isaac, d'avoir un pareil avocat pour plaider sa cause auprès de Dieu et des hommes ! Et le Dieu d'Abraham ne déçoit pas la foi du serviteur d'Abraham, 15 »*[206].

Eliézer a donc su mettre Dieu à l'épreuve ; son défi consistait à comprendre le plan de Dieu pour ce voyage déterminant. Il sait bien qu'après la mort d'Abraham il sera au service d'Isaac. Et il mesure la grande responsabilité qui lui incombe dans cette affaire. Son choix devra répondre au vœu de son maître et satisfaire Isaac.

Dans le monde d'aujourd'hui, il est difficile de trouver des jeunes qui attendent patiemment l'accomplissement du plan de Dieu pour leur vie. S'agissant surtout du choix d'un conjoint, plusieurs jeunes sont pressés ; ils n'ont pas le temps d'attendre en silence le temps de Dieu. La civilisation moderne trouve inconcevable que des parents aient à choisir un conjoint à leur fils ou fille. Au nom de la liberté, les jeunes gens et jeunes filles se précipitent parfois sur des partenaires sans pouvoir parfois écouter le moindre conseil. Ceci conduit souvent au désarroi que l'on éprouve quelque temps seulement après la première rencontre. Mais si le but de l'union conjugale était encore d'unir des cœurs pour vivre heureux, le monde serait vivable.

24.2. Rebecca, une femme de qualité pour un homme selon le cœur de Dieu

Pour revenir au choix d'Eliézer, Dieu seul a guidé toutes choses. La prière a fait ses effets (v.15-20). Rebecca est décrite dans ce texte avec toutes les qualités que l'on peut attendre d'une future servante de Dieu :
- Elle est une jeune fille très charmante à voir. Dans le choix d'une femme, la beauté physique est une qualité à ne pas négliger. Eliézer a les yeux pour voir cette beauté dans la jeune fille Rebecca. Il est rassuré que son choix plaira à son maître Isaac. Dieu avait préparée la fille de Béthouel

---

[206] *Ibidem*

pour assumer la responsabilité de « mère d'une multitude », tout comme Isaac sera le « père d'une multitude » après Abraham. Eliézer comprend dès lors que le Seigneur est entrain de faire réussir son voyage comme il le confessera plus tard (cf. v.56).
- Elle est vierge (Hébr. *B^{e}thoulâh*) טֹבַת מַרְאֶה מְאֹד-בְּתוּלָה : *tob^{h}ath mar'èh m^e'od-b^{e}thoulâh*. Le texte précise qu'aucun homme ne l'avait connue[207]. Cette précision constitue sans doute une redondance car elle signifie la même chose que la première partie du verset. Le récit insiste donc sur la virginité comme une qualité d'une jeune fille bien élevée. En Israël (voir le Code deutéronomique), les parents d'une telle enfant étaient récompensés par le mari de leur fille.

C'était une honte et un grand déshonneur qu'une fille se prostitue dans la maison de son père. La Loi autorisait qu'elle soit mise à mort par lapidation (cf. Dt 22,13-21). Israël était même appelé à être comme une jeune fille vierge ; il ne devait pas aller vers d'autres dieux car YHWH seul était son seul Dieu (Cf. Jr 18,13 ; 31,4.21).
- Elle est hospitalière : Son empressement à servir Eliézer et ses chameaux nous fait comprendre qu'elle avait reçu une très bonne éducation en famille, ce qui fait parfois défaut à plusieurs jeunes filles de nos jours. Puisque le serviteur d'Abraham avait fait toute chose dans la prière, il n'hésite pas à s'adresser à Rebecca selon les termes de sa prière (v.12-14). D'ailleurs ce qui se passe émerveille Eliézer (v.21). Le fait de donner de l'eau à un étranger préfigure le travail qui attend Rebecca. Elle ne sert pas seulement le serviteur, mais aussi elle fait boire ses chameaux. Elle ne pose aucune question, mais commence par servir. C'est un bon modèle de servante de Dieu.

Au v. 22 nous lisons une coutume qui consiste à mettre un signe sur la femme à épouser. Eliézer comprend que Dieu est entrain de faire réussir son voyage ; il passe à la vitesse supérieure. Avant même de savoir de qui Rebecca était la fille, Eliézer place un anneau à ses narines et deux bracelets d'or à ses poignets (cf. v.47). C'était la coutume chez les orientaux de faire de tels cadeaux pour demander la main d'une jeune fille, une espèce de sceau pour que personne d'autre ne vienne s'aventurer (cf. Es 3,21 ; Ez 16,11-13).

---

[207] Le texte insiste sur la beauté de la jeune fille « *elle était extrêmement belle* », surtout sur sa virginité.

Ce n'est qu'après avoir posé cet acte qu'Eliézer pose une suite de questions : « *De qui es-tu la fille* » ? « *Y a-t-il dans la maison de ton père de la place pour loger ?*» (v.23). La réponse de la jeune fille quant à son origine rassure déjà Eliézer, car Rebecca est bien une descendante du clan d'Abraham (elle est en fait sa petite-fille, née de son neveu Béthouel, lui-même fils de Naḥor et de Milka). Même si Rebecca ne comprend pas encore le but de la mission d'Eliézer, elle lui répond avec gentillesse et simplicité de cœur. Ainsi, à la deuxième préoccupation du voyageur, Rebecca va plus loin dans sa réponse. Elle y répond par l'affirmative et ajoute : « *Il y a chez nous de la paille et du fourrage en abondance* ». Ceci montre que Rebecca est tout aussi préoccupée de la nourriture pour les chameaux. Sa triple réponse interpelle Eliézer au point qu'il va s'incliner et se prosterner pour adorer Dieu (v.26). Ce geste rappelle l'adoration de son maître Abraham. Eliézer fait ici office de prêtre ; il est un véritable intercesseur à l'exemple du maître. Il bénit Dieu pour sa fidélité envers son serviteur Abraham et aussi pour sa direction dans le choix qu'il a opéré en faveur d'Isaac. Sa joie est d'autant plus grande encore de savoir que Dieu l'a conduit dans la maison de son maître comme cela était le souhait de ce dernier (v.27).

24.3. La famille de Béthouel

La suite du récit nous conduit à l'intérieur de la maison de Béthouel. Après la rencontre près d'une citerne, Rebecca accourt pour annoncer la visite de l'étranger. Alors qu'elle est entrain de parler avec sa mère, c'est son frère du nom de Laban qui accourt auprès d'Eliézer[208]. Cet empressement se comprend mieux lorsqu'il s'agit d'une famille hospitalière. Laban n'attend pas la réaction de sa mère ; il va à la rencontre de l'étranger. Les bracelets ainsi que la boucle étaient des preuves que quelque chose était entrain de se préparer. Laban semble avoir compris. Il ne menace pas l'étranger, mais l'accueille. Entre-temps, il venait de préparer une chambre pour lui (et les hommes qui l'accompagnaient) et de la place pour les chameaux (v.31). L'accueil est chaleureux (v.32).

Le geste de lavement des pieds dans ce verset rappelle le chaleureux accueil qu'Abraham et sa maisonnée avaient réservé aux envoyés de Dieu (18,4) et celui de Lot vis-à-vis de ces derniers (19,2). Par cette action, on prouvait à son hôte qu'il était le bienvenu au sein de la famille. C'était un signe de grande

---

[208] Laban joue son rôle de fils aîné, alors même que son père est encore vivant. Dans ce récit, on le voit prendre la parole sans parfois attendre l'avis de son père.

hospitalité. D'ailleurs, dans le présent récit Laban accueille aussi toutes ces personnes qui accompagnent Eliézer[209].

Ce sont tous ces signes d'accueil qui retiennent le serviteur d'Abraham au sein de la famille de Béthouel. Il ne veut pas accepter de prendre le repas qu'on lui sert sans avoir révélé le but de sa mission. Il commence par se présenter comme serviteur d'Abraham. Il n'usurpe pas de titre mais dit humblement ce qu'il est. Les versets 34 – 41 constituent un compte-rendu de l'entretien qu'il avait eu avec son maître avant d'entreprendre son voyage. Ce rappel est d'autant plus important qu'il est destiné à expliquer à Béthouel et à sa maisonnée combien le choix de Rebecca entre dans le cadre de l'Alliance de Dieu avec Abraham et d'Abraham avec son serviteur Eliézer. C'est de cette manière que l'on peut lire dès le v.42 un deuxième compte-rendu concernant la manière dont le Seigneur Dieu est entrain de faire réussir le voyage de son serviteur (v.42-48).

Après toute cette présentation détaillée des conditions dans lesquelles la rencontre avec Rebecca a eu lieu, Eliézer s'en remet à la grâce de Béthouel et de sa famille : « *Et maintenant, si vous voulez agir avec affection et justice envers mon maître, dites-le moi ; sinon, dites-le moi, afin que je me dirige à droite ou à gauche* » (v.49, TM Texte bilingue). L'attente de la réponse relance sans doute le débat, car jusque-là Eliézer ne sait pas encore dire avec précision que son voyage est une réussite. C'est plutôt la réponse de Béthouel et de son fils Laban qui rassure le serviteur d'Isaac. Cette famille est non seulement religieuse, mais surtout attachée aux valeurs morales ancestrales. Béthouel et Laban ne peuvent que s'incliner devant le projet de Dieu pour son serviteur Abraham. Désormais, Rebecca a l'aval de son père et de son frère pour réaliser le projet de Dieu.

Quant à Eliézer, il accueille cette bonne réponse avec joie et se prosterne comme à l'accoutumée pour adorer le Dieu de son maître qui est devenu aussi son Dieu. Et pour fêter l'événement, il remet des présents à Rebecca, à Laban et à leur mère. Il s'agit de symboles qui représentent probablement la dot. Le texte précise que dès le lendemain Eliézer était prêt pour ramener Rebecca auprès d'Isaac, mais qu'il y a eu une légère résistance de Laban et sa mère. Sur quoi, le fidèle serviteur d'Abraham réplique : « *Ne me retenez point, puisque Dieu a fait réussir mon voyage* » (v.56a). La TOB dit : « *Ne me retardez pas…* ». Ici le sens est le même.

---

[209] Le Nouveau Testament (cf. Jn 13) rapporte un épisode où l'on voit Jésus entrain de laver les pieds de ses disciples. Ce geste signifie à la fois un signe d'abaissement (humilité) et de purification. Jésus se présente comme un vrai Serviteur de Dieu et des hommes.

Etant donné que le but de la mission est atteint, Eliézer ne pense pas qu'il soit encore important de rester, surtout que son maître attendait impatiemment le rapport de voyage. Lorsqu'il dit : « Ne me retenez pas... » (אַל־תְּאַחֲרוּ אֹתִי, *'al t^e'aharou 'otî*), il est pressé de retourner auprès de son maître faire le rapport. Ceci montre combien tout serviteur de Dieu devra savoir mettre à profit le temps dont il dispose. Lorsqu'on a accompli une mission au nom du Seigneur, il faut, après avoir adoré celui de qui fait tout procède, continuer son travail. L'exemple d'Eliézer est très frappant. Il ne peut plus continuer à fêter, mais à cause de son obéissance, il veut vite retourner car il sait que celui qui l'a envoyé en mission attend son rapport. Quant aux parents de Rebecca, ils ne peuvent que se plier aux exigences d'Eliézer. Mais pour ne pas commettre une erreur d'appréciation, c'est Rebecca elle-même qui devra dire si oui ou non elle accepte de partir avec l'homme[210] (v.57). Et comme la réponse est positive, la famille de Béthouel accomplit un geste qui consiste à bénir Rebecca. Au temps des Patriarches, le chef de famille ou de clan jouait en même temps le rôle de prêtre.

D'après le contexte de ce récit, le Dieu que Béthouel et les siens invoquent est celui d'Abraham. C'est ce Dieu qu'ils ont reconnu à travers le compte-rendu d'Eliézer par rapport à sa mission (cf. v.50). Toutefois, en relisant les versets 59-60 on peut penser au rôle joué par Laban. Il prend les devants ; son père l'avait responsabilisé probablement pour être son porte-parole en sa qualité de fils aîné. C'est de cette façon que nous pouvons interpréter les paroles comme « Ils laissèrent partir Rebecca leur sœur (אֲחֹתָם *'ahotam*) et sa nourrice... » ; « Ils bénirent alors Rebecca en lui disant : 'Toi, notre sœur...'(*'ahothénou 'atte*).

S'agissant du contenu de la bénédiction, elle va dans le sens de la promesse de Dieu à Abraham (cf. 22,17). Rebecca et Isaac sont pressentis comme les héritiers directs de cette promesse, et ils le seront effectivement. Nous pouvons même affirmer que la prière faite en faveur de Rebecca est inspirée de Dieu lui-même ; elle ne peut être le fait du hasard. En même temps, cette formule répond à l'idéal de bénir sa fille lorsqu'elle est donnée en mariage. On attend d'elle qu'elle soit prolifique pour faire perpétrer à tout jamais la mémoire de la famille[211]. Ici Rebecca quitte sa parenté pour aller là où Dieu l'envoie, comme ce fut le cas d'Abraham. Elle a compris que désormais elle fait partie de l'Alliance de Dieu.

---

[210] Le texte hébreu a « *'im-ha'îsh hazèh* » = ... avec cet homme ! comme si l'homme en question était un inconnu, ce qui n'est pas le cas. Il s'agit sans doute d'une emphase car il s'agit bien d'Eliézer.
[211] Lorsque quelqu'un bénit son fils ou sa fille, il lui transmet pratiquement sa force vitale ainsi que la prospérité et le succès dans toutes ses entreprises.

Même si elle ne connaît pas encore l'homme qui partagera avec elle son destin, elle accepte de faire la volonté de Dieu grâce au témoignage d'Eliézer. Sa vie va être transformée car elle devra être la mère d'une multitude (cf. v.61).

24.4. L'ultime rencontre

Les versets 62-67 parlent de la rencontre de Rebecca et d'Isaac. Ce dernier est aux aguets, car il sait que Eliézer est porteur d'une bonne nouvelle (v.62-63). D'autre part, Rebecca est impatiente de rencontrer l'homme avec lequel elle partagera désormais ses émotions, ses joies et ses peines. Pour ce faire, elle s'informe au sujet de l'homme qui vient à leur rencontre : « *Quel est cet homme qui marche dans les champs et qui vient à notre rencontre* » ? (v.65). Pourtant, elle doit avoir compris qui il était car il est dit que dès qu'elle l'aperçut, elle sauta de son chameau (littéralement : « elle tomba de son chameau »), autant par pudeur que par émotion. Il lui fallait en fait toute l'assurance. Rebecca se couvre le visage, une marque d'autorité destinée à témoigner de sa volonté d'appartenir désormais à Isaac. C'est d'ailleurs ce symbole que portent les jeunes filles lors des cérémonies de mariage.

Après avoir fait son rapport à son maître Isaac, Eliézer se retire et laisse son maître s'occuper de son épouse. Et il y a ici tout un symbole : Rebecca devra aussi jouer le rôle de consolatrice d'Isaac (v.67). En fait, la mort de sa mère Sara l'ayant beaucoup affecté, Isaac avait besoin d'une telle consolation. Mais tout ceci vient de Dieu. C'est aussi la symbolique de l'endroit où Isaac s'était établi : tout près du puits de *Laḥaï-ro'i* (לַחַי רֹאִי) vers le Néguev, c'est-à-dire là où Dieu s'occupait de lui (voir le sens de ce mot, cf. 16,14).

24.5. Typologies

Les exégètes ont décelé dans les personnages principaux de ce chapitre des types dont :
1° Abraham (cf. Mt 22,2) représente le roi qui fit des noces pour son fils.
2° Isaac est le type de Christ. Il est l'époux qui prend l'initiative d'aller à la rencontre de l'épouse (Eglise) et l'accueille à bras ouverts (v.63-65 ; cf. 1 Th 4,14-17)
3° Le serviteur (Eliézer), c'est le type du Saint-Esprit, en fonction du rôle qu'il joue : il fait des dons à l'Eglise (épouse de Christ, cf. 1 Co 12,7-11 ; Gal 5,22-

23). C'est aussi lui qui conduit l'épouse (Eglise) vers l'Epoux (Christ), cf. Ac 13,4 ; 16,6-7 ; Rm 8,11 ; 1 Th 4,14-17.
4° Rebecca, en tant qu'épouse, est le type de l'Eglise (cf. 1 Pi 1,8). Elle n'a pas attendu pour aller vers le fiancé ; elle a plutôt fait confiance au témoignage rendu par le serviteur. *Ek-klesia* (Εκλήσία) = Appelé hors de …→ Rebecca est appelée hors de son pays : L'Eglise est appelée hors du monde pour devenir l'épouse de Christ (Gn 24,16, cf. 2 Co 11,2 ; Ep 5,25-33).

NB : Dans ce passage, c'est toute la Sainte Trinité qui est représentée. Mais aussi, le rôle de l'église c'est d'être la mère d'une multitude. Ne dit-on pas que l'église est notre mère ? Son rôle est personnifié par Rebecca qui hérite de la promesse faite à Abraham et qui se perpétue en Isaac également.

SECTION VI
HISTOIRE D'ISAAC, Chap. 25-28

Alors que nous étions déjà introduits en plein cœur de l'histoire d'Isaac, le narrateur nous fait revivre les derniers moments de la vie d'Abraham.

Chapitre 25
LA RELÈVE ASSURÉE

Le but de ce rappel semble consister à parler avant tout du fils de la promesse car c'est en lui que toutes les familles de la terre seront bénies. Les 18 premiers versets de ce chapitre évoquent, sans beaucoup de détails, les précautions prises par Abraham bien avant sa mort. Il s'agit entre autres des six fils qu'il eût avec Qetoura et des dispositions relatives à l'héritage. Parmi les descendants nés de Qetoura, c'est Madian qui a joué un rôle de premier plan[212]. Quant à Dedân, il est cité en 10,7 comme l'un des descendants des fils de Noé[213]. Les autres descendants nés de Qetoura ne vont pas hériter avec Isaac, tout comme d'ailleurs Ismaël né d'une esclave.

---

[212] L'on se souviendra du pays de Madian où plus tard Moïse sera reçu par le prêtre Jéthro (Réouël) qui d'ailleurs deviendra son beau-père (cf. Ex 2,15 – 4,26) : Terre d'asile.
[213] Les exégètes attribuent le texte de 10,7 à la tradition sacerdotale.

Les v. 5-6 évoquent une pratique qui consiste à exclure les enfants des concubines de l'héritage familial. Abraham ne veut pas que son fils Isaac puisse avoir des concurrents quant à l'héritage. Pour ce faire, il va les éloigner d'Isaac après leur avoir fait des donations. Chacun d'entre eux devait se contenter de la part reçue du père, sans murmurer. « Pour éviter les querelles d'héritage, Abrahâm, de son vivant, répartit ses biens entre ses fils ; pour plus de sécurité, il envoie loin d'Iṣ'ḥac, vers le Levant, au désert arabo-syrien, les fils de la concubine, non sans leur avoir fait des donations »[214]. En fait, Abraham était tellement préoccupé par l'accomplissement de la promesse divine en Isaac qu'il ne pouvait se permettre aucune compromission devant Dieu.

25.1. Mort d'Abraham : Isaac et Ismaël se retrouvent

Après cette brève présentation de la situation familiale du Patriarche peu avant sa mort, le narrateur en arrive à la description de la mort d'Abraham au terme d'une heureuse vieillesse. L'on se rappellera que le patriarche avait eu la grâce de voir les premiers-nés d'Isaac et Rebecca, c'est-à-dire Esaü et Jacob. Etre rassasié de jours est une expression qui témoigne de la grande bénédiction de Dieu. Abraham a passé des jours heureux sous la main de son Dieu qu'il a servi avec empressement. Et à sa mort, il est « recueilli auprès des siens », c'est-à-dire dans le caveau familial. C'est en même temps pour dire que sa mort est considérée comme le début d'une vie nouvelle, l'entrée dans l'éternité. Désormais, il sera dans la présence de Dieu ; il recevra sa couronne de vie et sera consolé de toutes ses détresses. Dans la douleur, les deux premiers nés, Ismaël et Isaac, viennent ensevelir leur père. Ils sont unis et peuvent oublier les différends provoqués par leurs mères respectives. Les autres enfants nés de concubines sont absents, probablement en raison de leur éloignement.

Abraham fut donc enseveli aux côtés de Sara, dans la caverne de Makpéla, qu'il avait achetée quelques années auparavant. Ceci est une fin bienheureuse pour cet homme qui a servi fidèlement son Dieu. C'est d'ailleurs cela la part de tous ceux qui honorent le Seigneur durant leur séjour sur terre.

Le v.11 constitue une introduction à l'ensemble de l'histoire patriarcale telle qu'elle fut vécue après la mort d'Abraham. Il est donc dit que Dieu bénit Isaac en lui permettant d'habiter près du puits de la vision, celui où l'ange était venu secourir Agar et Ismaël.

---

[214] A. CHOURAQUI, *op.cit*, p. 258.

On ne pouvait pas s'attendre à autre chose qu'à une bénédiction car celle-ci va dans la logique même de l'Alliance conclue avec le premier des patriarches. Jusqu'ici Isaac est demeuré à l'endroit d'où il avait accueilli Rebecca, au puits de Laḥaï-Roï, « *là où on est vu* » (cf. 16,14b).

25.2. Vie d'Ismaël

La suite (v.12-18) raconte très brièvement la vie d'Ismaël. Sa descendance se compose de douze fils, comme ce fut le cas de celle de Naḥor, le frère d'Abraham (cf. 22,24). Toutes ces peuplades vont s'installer au Nord de l'Arabie sous l'appellation d'Ismaélites. Le v.18 donne à juste titre des précisions sur les lieux de leur campement, c'est-à-dire entre Havila et Shour, aux confins de l'Egypte (Mitrsaïm). Parmi les descendants d'Ismaël, les plus connus sont : Nebajoth et Qédar (cf. Ps 120,5 et Es 21,16-17;42,11;60,7; Jér 2,10 ; Ez 27,21 ; etc.). On pense que Nebajoth serait l'ancêtre des Nabatéens. Mais pour l'essentiel, les descendants d'Ismaël ont vécu dans des campements car ils étaient des agriculteurs nomades, à la recherche de nouvelles terres.

L'épisode de la mort du fils d'Agar l'Egyptienne ne donne pas de précision importante si ce n'est au sujet de son âge : Cent trente-sept ans (v.17). L'absence de détails nous amène à penser au souci du narrateur de conduire ses lecteurs à l'histoire d'Isaac, présenté comme le seul héritier des promesses de Dieu faite à Abraham. C'est d'ailleurs ce qui se profile à partir du v.19. Il a donc fallu parler tant soit peu du fils de l'esclave, et ne rien dire sur lui serait une omission inacceptable sachant que lui aussi est fils du Patriarche Abraham, même s'il n'est pas considéré comme héritier des promesses.

25.3. Postérité d'Ismaël

C'est cette idée qui se lit tout naturellement en introduction aux v.12a et 19a : « *Voici la postérité d'Ismaël, fils d'Abraham...* » - « *Voici la postérité d'Isaac, fils d'Abraham* ».

La formule est la même et il n'y a pas lieu de ne pas reconnaître en Ismaël un fils au même titre qu'Isaac. Ils sont éloignés quant à leurs mères respectives, mais proches l'un de l'autre quant à leur père.

D'autre part, la naissance d'autres enfants (de Qetoura) fait aussi penser à un début de réalisation de la promesse : « *Je ferai de toi le père d'une multitude* » (cf. 17,4.6.16)[215].

Cette partie du récit nous introduit donc en plein cœur des engendrements (*Tol^edôth*) d'Isaac. Dès le départ, nous voyons un rappel sur la vie du premier des Patriarches, Abraham. Notons une précision intéressante : « *Après qu'Abraham eut engendré Isaac...* » (v.19b) : C'est sans doute une manière de situer le récit qui va suivre afin de pouvoir l'insérer dans le cadre de l'Alliance, Isaac étant présenté comme le seul héritier de la promesse. Le v.20 reprend le récit du mariage d'Isaac avec Rebecca. Ici également le narrateur a pris soin de situer une fois de plus l'épouse de l'héritier par rapport à ses origines. Le but est de ne pas perdre de vue que cette union fut voulue par Abraham selon les conditions qu'il avait posées (cf. ch.24).

25.4. Intercession d'Isaac en faveur de Rebecca

Rebecca est donc présentée comme l'épouse digne de l'héritier de la promesse de Dieu. Mais la situation racontée au v.21 nous ramène à celle de Sara qui était aussi stérile. L'histoire semble une fois de plus se répéter[216]. Il y a lieu de mettre en exergue la foi d'Isaac. Comme le souligne Rochedieu, « *la foi d'Isaac est mise à l'épreuve, comme l'avait été jadis celle d'Abram. Mais, fort de la merveilleuse promesse entendue à l'heure la plus tragique de sa jeunesse, 22.16-18, Isaac ne se demande pas s'il ne devrait pas chercher une autre épouse que celle qui lui a été donnée. Il a simplement recours à la prière persévérante, jusqu'à ce qu'elle soit exaucée (Ps. 127.1-3)* »[217].

Devant une telle épreuve, Isaac fait confiance au Dieu de son père, car il ne peut se renier lui-même. Il intercède en faveur de son épouse, tout comme Abraham avait intercédé en faveur de Loth et d'Abimélek. Seulement, le texte ne rapporte pas le contenu de cette prière. Probablement, Isaac aurait dit : « *Seigneur, c'est toi qui a fait une merveilleuse promesse à mon père Abraham. Tu lui as dit que de son sein sortirait une grande nation et que toutes les nations de la terre seraient bénies en lui. Tu vois, ô Dieu, la situation de ta servante, épouse de ton*

---

[215] Au niveau des engendrements (*Tol^edôth*), notons ceci : 1) Isaac est l'ancêtre des Israélites ; 2) Ismaël est l'ancêtre des Arabes (dont les Ismaélites) ; 3) Quant aux fils de Qetura, ils forment d'autres peuples.
[216] En Romains 9,9-13, l'apôtre Paul interprète cette situation en rapport avec l'œuvre du Christ.
[217] CH. ROCHEDIEU, *op. cit*, p. 64.

serviteur. Donne, je t'en supplie, une progéniture à ta servante et à ton serviteur afin que s'accomplisse la promesse que tu fis jadis à mon père, et que l'on reconnaisse partout et à jamais que tu es le Seigneur qui crée la vie à partir de rien. Béni soit ton Saint Nom, Grand Dieu de l'univers ». Ce n'est qu'une paraphrase possible. Mais il est intéressant de remarquer que la prière d'Isaac fut exaucée. Il s'agit d'une prière patiente et persévérante qui doit avoir été faite durant plusieurs années. Marié à quarante ans, ce n'est qu'à l'âge de 60 ans qu'il voit ses premiers fils nés jumeaux. La différence est donc de 20 ans (cf. v.20a et 26b). Rebecca conçoit après plusieurs années de patience et de persévérance. Le texte ne dit rien à propos de la souffrance morale de l'épouse d'Isaac. Il est simplement dit qu'elle était stérile (Hébr. *'aqarah,* עֲקָרָה Racine *'aqar* : être stérile)[218].

Pourtant, elle doit avoir supporté l'ignominie et les moqueries des voisins. Sa réaction se lit au moment où elle conçoit, surtout quand les enfants bougent dans son ventre. On comprend qu'elle ne comprend pas encore grand-chose à la grossesse. Elle est très inquiète car la lutte est rude entre les enfants.

25.5. Prière de Rebecca et naissance de jumeaux

V.22 : La prière de Rebecca étant simplement une expression de son inquiétude vis-à-vis d'une situation qu'elle ne semble pas maîtriser, Dieu lui répond en lui donnant plus d'assurance. L'expression « *Im-kén lammah zéh 'anokhî ?* » peut se traduire littéralement par : « *si c'est ainsi, pourquoi ceci (sur) moi ?* ».
La TOB la rend par : « *S'il en est ainsi, à quoi suis-je bonne ?* », avec une paraphrase : « *A quoi bon vivre ?* ».

Cette explication peut être appuyée car elle semble répondre à l'état d'esprit de Rebecca. En fait, ne perdons pas de vue qu'il est ici question d'une femme qui a longtemps attendu le jour où l'on pourrait l'appeler « mère ». A cause des douleurs qu'elle ressent (dues probablement à une grossesse menaçante), elle

---

[218] J.-L. SKA établit le lien entre les chapitres 25,19-34 et 27,1-45. Après analyse des différents éléments qui vont ensemble, entre autres : - la lutte entre les deux frères (25,22.23) et la supériorité du plus jeune (25,23) annonçant 27,29.40a ; - le fait que dans tout le Pentateuque, le mot לְאֹם (nation) לְאֻמִּים, ne se retrouve que dans ces deux chapitres (cf. 25,23 et 27,29) ; - Esaü est velu (25,25 et 27,11) ; - Isaac préfère Esaü parce qu'il lui apporte du gibier (25,27.28 et 27,3-4) ; - Rebecca préfère Jacob, le fils qui reste à la maison (25,28 et 27,6) ; - 27,26a fait allusion à l'épisode du plat de lentilles (25,29-34). J.-L. SKA, in *JACOB : Commentaire à plusieurs voix de Gen. 25-36.* Mélanges offerts à Albert de PURY (Collectif), Edité par Jean Daniel MACCHI et Thomas RÖMER, Genève, Labor et Fides, 2001, p. 17.

s'inquiète que le résultat ne soit à la mesure de ses attentes et des attentes de l'entourage. Pourtant, dans la réponse que Dieu lui donne, il lui parle de deux peuples représentés par les deux jumeaux. Ceci annonce déjà une situation de conflit.

Les deux enfants qui naîtront des mêmes parents sont prédestinés à devenir des antagonistes. Il est dit que l'aîné devra être assujetti au cadet. Le récit décrit déjà cette situation d'assujettissement à la naissance des enfants : le cadet tient le talon (עָקֵב *'aqév*) de l'aîné. Aussi, les noms qui leur sont attribués sont significatifs. Le premier-né est appelé Esaü, nom dont la racine hébraïque *'asav* veut dire : « être velu ». Ce mot est aussi proche de « Séir », nom de la montagne où Esaü habitera effectivement (cf. Dt 2,22 ; 2 Chr 20,10ss). Plus encore, le nom d'Esaü est Edom (« Ce qui est de couleur rousse », cf. Gn 25,30). Comme on le sait, à l'époque de la royauté, sous David et Salomon, les Edomites (descendants d'Esaü) étaient assujettis aux Israélites (Descendants de Jacob)[219].

Quant au cadet (*Ya'akov* = Jacob), son nom signifie littéralement « celui qui supplante (le talon) ». En d'autres termes, Jacob sera appelé le supplanteur car – la suite du récit le démontrera – il se comportera de cette manière, surtout après avoir acquit (volé) le droit d'aînesse (cf. v.29-34)[220]. A la naissance d'Esaü et de Jacob, Isaac venait d'avoir soixante ans. Il a dû supporter de vivre avec Rebecca vingt ans sans enfants. Ceci est aussi un modèle de patience, surtout quand on a les regards fixés sur le Seigneur, le Maître et le Créateur de la vie (v.26b).

Les v.27-28 décrivent une situation de conflits au sein de la famille d'Isaac, due à des questions de préférence. Au fils des ans, les enfants ont bien grandi. Seul Esaü était devenu un homme responsable ; il était un habile chasseur et un agriculteur. C'est lui qui nourrissait son père qui n'avait plus des forces pour aller lui-même à la chasse. Voilà pourquoi, il est le préféré d'Isaac, question de préserver ses intérêts. Quant à Jacob, il était régulièrement aux côtés de ses parents, sous les tentes. Jusqu'ici, nous avons affaire à une famille de nomades. Il est dit que chaque parent avait un fils préféré.

---

[219] Plusieurs textes peuvent nous renseigner à ce sujet : 2 S 8,13.14 ; 2 R 8,20 ; 2 Chr 21,8 ; 25,11 ; cf. aussi Es 34,5-15 ; Nb 20,14-21 ; Ez 25,12-14 ; Am 1,11.12 ; Ab 1-15 ; etc.
[220] Le livre de la Genèse consacre plusieurs chapitres à Jacob, et c'est de ses descendants qu'il sera plus question de 27,41 – 50,26.

C'est généralement en pareilles circonstances que naissent des conflits qui mènent à des séparations et déchirements au sein des familles. La suite du récit va se jouer autour des noms donnés aux enfants à la naissance ainsi qu'à cette question de préférence. Mais toutes ces situations ont une signification théologique profonde. Dieu seul est le Maître car son plan se réalise comme il l'a souverainement conçu.

25.6. Le plat des lentilles

La situation décrite aux versets 29-34 constitue en soi un début de réalisation de ce qui a été prévu, c'est-à-dire que l'aîné serait assujetti au cadet. Le texte décrit une scène qui, si elle ne concernait pas le droit d'aînesse, ne devrait pas attirer autant d'attention. C'est comme si on avait affaire à un dossier clos avant de l'être réellement. Alors qu'Esaü avait juste besoin de recevoir de son frère de la nourriture en vue de reprendre des forces nouvelles, son frère jumeau le met devant une épreuve délicate : « *Alors, vends-moi aujourd'hui même ton droit d'aînesse* » (מִכְרָה כַיּוֹם אֶת-בְּכֹרָתְךָ לִי *Mikrah kayyôm 'èth-b^{e}korath^{e}kha lî*, v.31). Il est tout à fait significatif que le plat sollicité se fasse interpréter comme le sens du nom donné à Jacob[221].

La question que l'on pourrait bien se poser consiste à savoir pourquoi Jacob devait-il réclamer le droit d'aînesse (הַבְּכֹרָה, *b^{e}korah*) là où son frère avait juste besoin de quoi manger, surtout qu'il se dit fatigué (כִּי עָיֵף, אָנֹכִי , *Kî 'ayéph 'anok^{h}i* = *car je suis fatigué,* v.30). S'agit-il d'un manque d'hospitalité ou bien simplement d'une ambition personnelle consistant à vouloir « supplanter » Esaü ?

Pour saisir le sens de cette requête de Jacob, nous devons comprendre les avantages liés au droit d'aînesse. Voici ce que dit Ch. Rochedieu : « *Le principal avantage du droit d'aînesse était une double portion d'héritage, avec, en plus, la possession de ce qui ne pouvait pas se partager ; dans ce cas-ci, les glorieuses promesses faites à Abraham et à sa postérité. C'est de ces promesses qu'Esaü fait fi, tandis que Jacob en pressent peut-être quelque peu la valeur, mais probablement surtout au point de vue matériel* »[222].

---

[221] Il y a donc ici un jeu de mots : « ... *Mîn-ha'adom ha'adom hazzèh* » = ... De ce rouge, de ce mets rouge (TM, Texte Bilingue). Et dans la suite, l'auteur sacré commente, en disant : « *'Al-kén para' shemô 'Edom* » = « *C'est pourquoi on le nomma Edom* ». Le nom donné au Patriarche signifie au fait « Rouge » ou « Roux ». Le mets préparé par Jacob était de couleur rousse.
[222] *Op. cit.*, p. 64.

S'il y a une chose que Jacob doit avoir compris, c'est le fait que son père ne pouvait plus rien contrôler suite à son âge avancé. Le fils cadet pense déjà à l'héritage car les jours d'Isaac sont comptés. On voit Esaü pressé par la faim, ce qui fait qu'il en arrive jusqu'à mépriser son droit d'aînesse. Il préfère la nourriture à la sauvegarde d'un tel privilège[223]. L'argument qu'il donne – la mort qui est à la porte – n'est pas tout à fait solide pour se comporter de cette manière.

A cause d'un plat de lentilles, il va même accepter de juger. C'est donc pour lui une page tournée ; il ne veut pas qu'on lui en parle un jour. Et le texte de préciser : « *Il mangea et but, se leva et ressortit. C'est ainsi qu'Esaü dédaigna le droit d'aînesse* » (v.34b). Le coup est joué ; désormais c'est Jacob qui prend sa place. Le cadet commet une faute car il vient d'usurper un privilège qui est réservé à l'aîné. Quant à l'aîné, il méprise un droit que Dieu lui attribue pour juste satisfaire un besoin vital. Mais dans tous les cas, nous comprenons que ce qui se passe au sein de cette famille n'est qu'un accomplissement de ce qui s'était passé à la naissance de ces deux fils ; c'est le début de l'assujettissement d'Esaü à Jacob.

Chapitre 26
RENOUVELLEMENT DE L'ALLIANCE

Le début de ce chapitre ne semble pas se rattacher facilement à l'histoire précédente. Il est ici question de la famine (רָעָב, *ra'av*) Mais du point de vue du contexte immédiat, l'on peut y voir une symbolique qui consiste à faire un lien entre la situation d'Esaü (il a eu faim) et la famine dans le pays (tout le monde a faim). Le Seigneur renouvelle son Alliance. A l'absence du père, c'est le fils qui entre en ligne. Isaac bénéficie de la même grâce car il n'a rien fait pour être traité dignement par Dieu. Il devra séjourner dans le pays que le Seigneur lui donne. Il obéit à l'ordre qui lui est donné ; il ne doit pas quitter ce lieu avant d'entendre Dieu lui parler. Tout ce qu'un serviteur de Dieu devra faire, c'est de s'attendre à son Seigneur. S'engager à faire quelque chose avant le temps de Dieu peut être une folie.

---

[223] Dans Hé 12,16, le nom d'Esaü est un modèle de chrétiens rétrogrades, ceux qui s'excluent eux-mêmes de la grâce de Dieu. Il est dit qu'un retour aux bénédictions ainsi loupées risque d'être chose impossible. « *Il est impossible, en effet, que des hommes qui un jour ont reçu la lumière, ont goûté au don céleste, ont eu part à l'Esprit Saint, ont savouré la parole excellente de Dieu et les forces du monde à venir, et qui pourtant sont retombés, il est impossible qu'ils trouvent une seconde fois le renouveau de la conversion...* » (Hé 6,4-6)

Le v.2 rappelle 12,1 où il est aussi question du « lieu que je t'indiquerai ». Dieu seul sait ce qui vaut pour son fils, car c'est lui qui contrôle toute chose. S'attendre à lui est la meilleure des choses. Isaac accepte de faire la volonté de Dieu ; il ne se presse pas de descendre en Egypte malgré la famine qui sévit là où il se trouve. Il sait que Dieu saura le nourrir même pendant les temps difficiles.

Nous trouvons ici tous les termes par lesquels était conclue l'alliance avec Abraham : « Je serai avec toi » ; « Je serai avec toi et je te bénirai » ; « Je multiplierai ta descendance comme les étoiles du ciel » ; « Toutes les nations de la terre seront bénies en toi » (v.3-4). Les verbes utilisés en hébreu sont des verbes d'action : *Ḥayah* (être) ; *Barak* (bénir) ; *Harab^h* (multiplier) ; *Nathan* (donner). C'est le Seigneur Dieu de l'univers qui jure par un serment d'accomplir tout ce qu'il avait promis à son serviteur. Il ne se renie pas ; mais il dit ce qu'il fait et fait ce qu'il dit. Il faudra donc à Isaac beaucoup de fidélité pour que toutes les nations de la terre se bénissent en lui. La responsabilité est énorme car cette bénédiction dépendra aussi de l'obéissance, à l'exemple d'Abraham qui a écouté la voix de Dieu, suivi son observance et exécuté ses lois et ses ordonnances (cf. v.5).

26.1. La demeure d'Isaac

Le v.6 résume à lui seul l'obéissance d'Isaac : « ...*Isaac demeura à Guérar* ». Il s'exécute sans différer l'ordre de Dieu (promptitude dans l'obéissance à la voix de Dieu). La suite montre combien Dieu peut demander à son serviteur de rester dans un lieu, même si les gens y sont hostiles. Ce qui va se produire sera une nouvelle occasion pour Isaac de glorifier son Dieu. Dans ce pays des Philistins, les habitants avaient des comportements pervers vis-à-vis des étrangers. Il est dit que le souci de ces gens consistait à savoir qui était cette femme très belle de figure qui accompagnait Isaac[224]. Les Philistins étaient donc préoccupés par Rebecca et l'enviaient. Quand ils viennent s'enquérir à son sujet auprès d'Isaac, celui-ci, craignant de se faire tuer, se dit le frère et non le mari. Ces gens semblent avoir été mandatés par Abimélek, car il pousse sa curiosité à l'extrême en surveillant tout mouvement des étrangers.

---

[224] Il est curieux de constater les ressemblances entre ce récit et ceux repris en 12,10-18 et 20,1-18. En 12,10s, Abraham séjourne en Egypte tandis qu'en 20,1s il est dans le même territoire d'Abimélek (comme c'est le cas d'Isaac dans ce récit). Abimélek est sans doute un titre royal plutôt qu'un nom propre car celui qui agit dans cet épisode est bien un descendant d'Abimélek de l'époque d'Abraham.

Il lui a suffi de surprendre Isaac entrain de caresser[225] Rebecca pour l'interpeller sur son mensonge : «*Assurément, c'est ta femme !*» (v.9a). Ici se pose une question d'ordre éthique : Y a-t-il des circonstances favorables au mensonge ? En d'autres termes, peut-on tolérer le mensonge en certaines circonstances ? La réflexion d'Isaac n'est pas condamnable si l'on s'en tient au comportement des Philistins face aux étrangers. Mais il ne s'agit là que de procès d'intentions. Abimélek semble avoir compris la leçon ; il condamne l'attitude d'Isaac, une attitude susceptible de provoquer la malédiction si jamais quelqu'un (probablement Abimélek lui-même) avait essayé de lui ravir sa femme. Non pas qu'Abimélek craignait le Dieu d'Isaac, mais il avait compris que suivant la tradition une telle attitude pouvait engendrer le malheur sur l'ensemble de la population (cf. v.10).

Toutefois, Dieu utilise le roi des Philistins pour qu'il protège ses serviteurs. Dans un milieu hostile, les enfants de Dieu doivent toujours se sentir en sécurité car le Seigneur ne peut jamais les abandonner (v.11). Isaac va expérimenter une fois de plus la grâce du Dieu de l'Alliance.

En plus de la protection, il est comblé dans cette terre étrangère ; il va disposer d'un important cheptel de petit et de gros bétail ainsi que de champs. En tant que bénéficiaire de l'alliance, ses semailles sont bénies et il récolte des produits de ses champs au centuple.

Bref, Isaac expérimente ce que c'est pour lui la bénédiction de Dieu. Puisqu'il prospère dans un pays étranger, il est objet de haine et de jalousie de la part de ceux qui se disent propriétaires terriens. Et pour contraindre Isaac et les siens à l'exil, les habitants de Guérar vont leur rendre la vie dure. Ils résolvent de combler les puits creusés du temps d'Abraham avec de la terre pour les empêcher d'avoir de l'eau pour le bétail. Jacques VERMEYLEN commente cette situation en ces termes : « Bousculé par les Philistins agressifs, Isaac doit quitter le lieu où il séjourne et découvrir des « espaces » de liberté. Déjà son père avait été invité par YHWH à quitter son lieu natal pour marcher vers la terre inconnue qui lui serait indiquée (12,1).

---

[225] Le verbe utilisé pour « caresser » est de la même racine que « rire, s'amuser » : c'est le sens même du nom d'Isaac (*Yitsḥaq*) ↔ *Yitsḥaq mᵉtsaḥéq 'éth Rivqah 'ishtô* (v.8) = Isaac rit (s'amusa) avec Rebecca sa femme. Ce n'est qu'un jeu de mots. La TOB rend ce verset par: «Isaac s'amusait avec Rebecca », cf. le sens du nom donné à Isaac suite à sa mère Sara qui avait ri lorsque les anges lui avaient parlé de la naissance d'un fils (18,13-15).

A partir de ce moment, il n'a cessé de bouger, en passant par Sichem, Béthel, l'Egypte, Béthel à nouveau, Mambré, Dan et Hoba, puis encore une fois Mambré, Guérar, Béer-Shéva... En osant se détacher du lieu qu'il connaît, en prenant le risque des grands espaces, il n'emprunte pas les chemins matériels de son père (qui n'est jamais passé par Reḥovôt), mais il prend la même attitude foncière. Sans doute n'est-ce pas YHWH mais Abimélek qui lui a dit : « *pars d'avec nous* » (v.16), et pourtant, lorsqu'il aura pris la route, il le comprendra : c'est YHWH qui « a fait l'espace » pour lui (v.22)[226].

Isaac est donc entrain de bénéficier des grandes bénédictions promises par YHWH à son père Abraham. Toutefois, les épreuves qu'il endure rappellent celle endurées autrefois par son géniteur.

26.2. Les habitants de Guérar

Malgré l'ordre donné par Abimélek à ses concitoyens de ne pas toucher aux étrangers ni à leurs biens, Isaac ne trouve pas de repos car il est chassé des terres acquises pour camper de lieu en lieu. C'est d'ailleurs le roi lui-même qui, craignant une forte influence des étrangers sur son royaume, conseille à Isaac de s'en aller de chez eux. Ce comportement se traduit aujourd'hui par la montée de l'extrême droite en Occident. La peur de l'étranger fait susciter de la haine, d'où la xénophobie et d'autres types de comportements déplorables. Tant que les humains ne donneront pas la première place à Dieu, ils se comporteront toujours ainsi. Il va à la conquête de nouvelles terres.

Dans la vallée de Guérar, à l'Est de Béer-Shéva où il venait de s'installer, de nouvelles épreuves l'attendent. Il se remet à creuser les anciens puits sabotés par les Philistins, signe de persévérance. Sa confiance en ce Dieu d'Abraham doit encore être éprouvée, et Isaac devra compter sur lui et apprendre à oublier ses privilèges dans une terre qui lui est hostile. C'est le regard de tous ceux qui s'attendent à Dieu[227].

---

[226] J. VERMEYLEN, in : *JACOB : Commentaire à plusieurs voix de Gen. 25-36, op.cit,* p. 44.
[227] Ce que dit l'épître aux Hébreux (11,9-10) au sujet du séjour terrestre est très frappant: « *Par la foi, il (Abraham) vint résider en étranger dans la terre promise, habitant sous la tente avec Isaac et Jacob, les cohéritiers de la même promesse. Car il attendait la ville munie de fondations, qui a pour architecte et constructeur Dieu lui-même* » (TOB).

Même si Isaac sait qu'il a affaire à des gens violents, Isaac ne se décourage pas. Ses serviteurs vont pouvoir l'aider à creuser d'autres puits. Mais les habitants de la région ne se laissent aucunement intimider ; au contraire, ils vont chercher querelle aux creuseurs. Quant aux différents puits, ils porteront des noms symboliques:
1) Eséq, « *Contestation* », en référence à la querelle dont parle le v.21;
2) Sitnah, « *Opposition ou hostilité* » (v.22) et 3) Reḥoboth, « *Elargissement* » (v.22b). A chaque puits son histoire. Surtout le tout dernier devient signe de grand espoir car il y est question de rétablissement et de prospérité qui viendront de l'Eternel Dieu. Isaac et les siens vont garder espoir malgré les turbulences et les oppositions des Philistins de la contrée.

La méchanceté des habitants est tellement grande et leur jalousie tellement profonde qu'ils cherchent à priver d'eau les étrangers. Ce choix délibéré a pour objectif de les jeter dehors, car s'ils peuvent manquer d'eau à boire et pour abreuver leurs troupeaux, ils prendraient la décision de s'en aller ailleurs. Mais ce que ces gens ignorent, c'est que quand Dieu choisit quelqu'un, il l'équipe et le protège envers et contre tout ce que l'on peut redouter. C'est ce que précise la suite du récit. Celui-ci est introduit par : « *Il monta à Béer-Shéva. Le SEIGNEUR lui apparut cette nuit-là et dit : Je suis le Dieu d'Abraham ton père...* ». Cette déclaration suffit pour rassurer Isaac car il va comprendre davantage que Dieu reste fidèle à ses engagements. C'est pratiquement dans des termes similaires que sont reprises ces promesses.

Le rappel du nom d'Abraham est un sujet de grande joie et d'une espérance renouvelée. Isaac avait tant besoin d'entendre ces mots pleins de tendresse « 'al tira' », *Ne crains pas*. Il pouvait ainsi poursuivre sa route avec confiance. Il sait que le Seigneur récompense toujours l'obéissance à sa parole et à ses statuts.
Nous trouvons ici un tournant des événements car c'est Dieu lui-même qui prend en mains la cause de ceux qui ont fait l'objet d'une élection particulière.
Dieu n'oublie jamais de récompenser l'obéissance de ses serviteurs. Comme Abraham avait accepté de faire sa volonté afin de marcher dans ses voies, il suffit à son descendant de faire de même pour rester dans l'Alliance. D'où, nous lisons les mêmes promesses au verset 24b : « *Je suis avec toi... je te bénirai et je multiplierai ta race, pour l'amour d'Abraham mon serviteur* » (cf. chap.12). Il est dit qu'après cette vision extraordinaire, Isaac a érigé un autel afin que le lieu dans lequel Dieu s'est révélé à lui devienne un témoignage de sa grâce.

Isaac avait donc bien appris la leçon d'auprès de ses parents, spécialement d'auprès d'Abraham qui rendait grâce à son Dieu chaque fois qu'il avait bénéficié de ses bienfaits. Le secours de Dieu ne manque jamais dans la détresse. Maintenant Isaac peut se relever et continuer sa route avec assurance ; il est réconforté dans sa foi au Dieu Suprême.

26.3. La confession d'Abimélek et le contrat de paix

Le v.26 introduit une nouvelle unité textuelle. Il y est question d'Abimélek, le roi des Philistins, qui s'est bien rendu compte qu'il est inutile de lutter contre quelqu'un que Dieu soutient. Ce roi païen reconnaît que le Dieu d'Isaac est un Dieu qui bénit selon sa miséricorde. Ainsi, nous pouvons dire que la réponse d'Abimélek et de ses hommes (v.28) constitue une véritable confession de la part des païens[228]. Ici se dessine déjà le projet d'universalisme du salut.

Même en terre étrangère, les serviteurs de Dieu devront toujours demeurer des témoins de sa miséricorde. Abimélek ne veut pas laisser passer l'opportunité qui s'offre à lui. Il se déplace, oubliant son titre royal, vers celui en qui il reconnaît l'élu de Dieu, avec pour seul objectif de conclure un pacte de « non agression ». Il s'est senti interpellé par le fait qu'Isaac avait d'abord menti sur ses relations avec Rebecca. Mieux vaut en pareille circonstances le prendre pour ami plutôt que de s'opposer à lui. Abimélek désigne Isaac par le titre de « *béni du Seigneur* » (עַתָּה בָּרוּךְ יְהוָה) *'attah b^erouk Adonaï*, v.29)[229]. Une telle attitude de la part du roi des Philistins est un signe d'humilité. Voilà pourquoi Isaac consent à conclure un tel pacte, puis offre à se hôtes un festin en signe de reconnaissance (v.30-31). Ensemble ils viennent de créer des conditions d'une paix durable. Comme quoi, Dieu est capable de disposer même des ennemis pour bénir ses serviteurs[230].

---

[228] Entre l'épisode de 21,22s et celui raconté dans ce chapitre, plusieurs années se sont écoulées. Et Abimélek du premier texte est le grand père de celui du chap.26. Et que dire de *Pikol*, qui est dans les deux cas le chef de l'armée d'Abimélek ? S'agit-il d'un titre de noblesse ou bien de membres d'une même lignée ? Dans tous les cas, les deux récits suggèrent bien une telle interprétation.
N.B : Le nom *Pikol* peut avoir comme étymologie en Hébreu : *Pî* : Bouche ; *Kol* : tous (tout) = « Bouche de tous (tout) ».
[229] Le Texte Massorétique (cf. Texte bilingue) donne comme traduction : « *Sois béni de Dieu* ». Nous suivons la TOB car cette traduction répond bien au contexte. Abimélek avait déjà reconnu en Isaac le protégé de Dieu (cf. v.28).
[230] Proverbes 16,7 dit : « *Quand le SEIGNEUR prend plaisir à la conduite de quelqu'un, il lui concilie même ses ennemis* » (TOB)

Une fois l'alliance conclue, tout le monde est satisfait. On repart sur de nouvelles bases. Chacun peut retourner chez soi en paix, avec pleine assurance. On ne redoute plus l'autre ; bien au contraire, on peut dialoguer sans crainte d'être trahi. Voilà la mission de tout serviteur de Dieu : il doit être en mesure de procurer la paix à ceux qui en on besoin. Notons enfin un lien intéressant entre cette conclusion d'alliance et la suite qui parle d'eau. La paix de Dieu est comme l'eau qui couvre le fond des mers et des océans. Sur le plan d'interprétation exégétique, nous pouvons dire que la paix signée entre les ennemis d'hier ressemble à ce puits découvert par les serviteurs d'Isaac, et qui donne suffisamment d'eau pour que chacun puisse se désaltérer. Et ce puits est nommé « Beer-Shev'a », soit « puits du serment, puits des sept » (cf.21,23)[231]. Dieu est celui qui conduit l'histoire humaine.

Les v.34-35 peuvent être considérés comme une introduction à l'histoire du conflit entre les jumeaux Jacob et Esaü. Mais il y a ici un problème d'amertume dans le cœur de Rebecca et d'Isaac suscité par le fait qu'Esaü avait épousé des femmes étrangères. De telles unions avec des païennes pouvaient constituer un danger latent. Elles étaient susceptibles de mettre en péril la bénédiction promise à Abraham et qui devait se perpétuer à travers les descendants du Patriarche. Pourquoi Esaü arrive-t-il à chagriner même son père qui, pourtant, avait de l'estime pour lui que pour son frère jumeau ? Il s'agit sans doute d'un manque de référence à la famille dans le choix de ces deux épouses d'origine étrangère. On ne voit nulle part Esaü entrain de demander conseil à qui que ce soit. Il fait seul son choix ; il ne demande même pas la direction de Dieu.

Malheureusement, ce choix chagrine ses parents. Comme il a été capable de renoncer à son droit d'aînesse, il avait la conscience tranquille car il s'était écarté de la logique familiale. Or, comme le dit CH. Rochedieu, « c'est au choix de la compagne de sa vie qu'un jeune homme laisse voir ce que vaut sa foi, la place qu'elle occupe dans sa vie »[232].

---

[231] Il y a un jeu de mots : *Sheva* = Sept ; *Shevoua* = Serment. Le texte utilise plutôt *Sheva*. Mais nous préférons le sens de Puits du serment car il rappelle l'alliance conclue en ce lieu.
[232] CH. ROCHEDIEU, *op. cit.*, p. 66.

Chapitre 27
BENEDICTION DE JACOB A LA PLACE D'ESAÜ

Ce chapitre décrit justement les conséquences consécutives à l'abandon du droit d'aînesse par Esaü. Il est introduit par « *Isaac était devenu vieux* », une formule qui signifie en même temps qu'il ne pouvait plus rien contrôler comme avant. Il y a à la fois un problème de cécité et un problème spirituel. L'aveuglement dont il est question ici peut s'interpréter également sur le plan spirituel comme on le voit dans ce récit.

27.1. Quand le favoritisme produit le désarroi

Etant donné la situation de favoritisme instaurée par les parents, Isaac ne peut s'intéresser que de son fils préféré, tout comme le fera Rebecca. Il est question de conflits d'intérêt. Alors qu'Isaac pense à sa mort prochaine, sa femme, elle, tient à favoriser son fils préféré. Mais ce qui va se passer est de la faute des parents car c'est eux qui ont créé ces circonstances de conflits entre deux frères jumeaux. Au lieu de les aider à développer une vraie fratrie, ils les ont plutôt conduits à une vie de conflits permanents. On le sait pourtant, le rôle des parents consiste à élever leurs enfants en leur montrant le bon exemple. Il arrive qu'on pense faire du bien en essayant de favoriser un enfant, alors qu'on le prépare mal. Voulant bénir un enfant préféré, Isaac est tombé dans son propre piège de favoritisme. Certes, il n'a pas voulu faire de cadeau. Il fallait qu'Esaü travaille pour obtenir la bénédiction. Son père avait bien entendu sa voix, et il était rassuré qu'il s'agissait bien du fils aimé. C'est ainsi qu'il lui avait commandé d'aller chasser du gibier (v.3). Et une fois de retour, Esaü devait faire un mets et le présenter à son père. Celui-ci apprécierait le mets afin de le bénir.

Tout était donc mis en place, car Esaü avait besoin de cette bénédiction. Il est donc parti avec joie étant sûr d'attraper du gibier. Son empressement montre combien il avait hâte de recevoir la bénédiction de son père avant sa mort. Il pensait probablement au droit d'aînesse qu'il avait perdu par sa propre faute.
La promesse du père chéri de le bénir était pour lui une opportunité à ne pas rater. Il imaginait le bien fondé de la bénédiction d'un parent car il y voyait aussi la main bénissante de Dieu.

Bref, Esaü croyait encore à la prospérité et au succès, donc à un avenir glorieux. Mais tout change après son départ à la campagne. Sa mère ne pouvait pas tolérer que tout cela aille à lui. Son fils préféré, c'était Jacob. Voilà pourquoi elle joue un mauvais tour à Esaü. « *Cependant Rebecca dit à Jacob, son fils : 'Ecoute ; j'ai entendu ton père parler ainsi à Esaü, ton frère : 'Apporte-moi du gibier, et apprête-moi un ragoût que je mangerai, et je te bénirai devant le Seigneur avant de mourir'. Et maintenant, mon fils, sois docile à ma voix, sur ce que je vais t'ordonner : va au menu bétail, et prends-moi deux beaux chevreaux, et j'en ferai pour ton père un ragoût tel qu'il l'aime. Tu le présenteras à ton père, et il mangera ; de sorte qu'il te bénira avant de mourir* » (v. 6-10, Texte bilingue TM).

Remarquons que tout est fait pour que la bénédiction soit ravie à Esaü, tout comme l'avait été le droit d'aînesse qu'il a lui-même cédé à son frère jumeau. Tout tourne autour de la nourriture. Pour un plat de lentille, il avait cédé son droit d'aînesse ; pour un repas préféré, son père va bénir Jacob à sa place. Pauvre Esaü ! Il va tout perdre.

Rien d'étonnant dans le comportement de Rebecca, car chacun des parents avait son fils préféré. C'était sans doute une conséquence apparemment logique de la manière de gérer la famille. Rebecca ne pouvait favoriser que Jacob, et pas Esaü. Quand Isaac veut bénir son fils préféré contre Jacob, Rebecca ne pouvait pas l'accepter. Jacob doute un instant sur la supercherie. Il imagine que son père ne pourra pas le bénir tant qu'il est différent de son frère. Esaü est velu, ce qui n'est pas le cas pour lui. Et que dire de la voix? Doit-on imiter celle d'Esaü? (v.11-12). Ensuite, il redoute qu'une malédiction soit prononcée à la place de la bénédiction si jamais son père se rendait compte de la supercherie. Il sait qu'une telle situation compromettrait même ses relations avec Dieu. Mais l'assurance donnée par la mère fait dissiper un tel doute qui semble inutile. Un tel comportement fait appel à une question de conscience: un parent a-t-il le droit d'insuffler le mensonge à son enfant?

Comment un tel enfant va-t-il gérer sa propre famille s'il venait à fonder un foyer plus tard?[233]. Ici on voit la mère prendre toutes ses responsabilités au point d'accepter même une malédiction si jamais les choses ne se passaient pas comme prévu. D'où, elle s'impose vis-à-vis de son fils.

---

[233] Le mensonge est utilisé ici comme un moyen d'atteindre un objectif. Mais il ne demeure pas moins qu'il s'agit d'un comportement qui peut être à la base de plusieurs désordres dans de nombreuses sociétés.

C'est comme pour dire qu'une seule chose comptait pour elle, à savoir que la bénédiction n'aille pas chez un fils qu'elle ne préfère pas. C'est clair dans son esprit. Jacob obéit et fait tout ce qui lui est dicté, et Rebecca joue son jeu. Ses actions sont décrites aux versets 14b-17: - Elle fait un mets selon le goût d'Isaac (elle savait exactement comment faire apprécier un tel repas); - C'est elle qui choisit les vêtements que Jacob devra mettre, des vêtements d'Esaü.

Le récit précise: "Rebecca prit les plus beaux vêtements d'Esaü, **son fils aîné**... et elle en revêtit Jacob, **son fils cadet**" (v.15). Cette insistance de l'auteur sur la place de chaque enfant sert à montrer l'ampleur du geste posé par la mère de deux enfants. Elle favorise l'un au détriment de l'autre. – Rebecca va jusqu'à tenter de faire ressembler Jacob à Esaü, en enveloppant de peaux de chevreau ses mains ainsi que la partie lisse de son cou. - S'étant assurée que tout était prêt, elle envoie son fils préféré auprès du père avec du pain. Notons qu'au v.17, Jacob est nommé "**son fils**" comme si Esaü avait cessé d'être un fils à sa mère.

27.2. La bénédiction inversée

Lorsque Jacob entre dans la présence du père, il se présente comme étant Esaü. Il sait pourtant qu'il est bien Jacob; le mensonge instigué par la mère joue son rôle. En principe, un menteur sait toujours qu'il ne dit pas la vérité. Ou alors, le menteur fait toujours le contraire de ce qu'il y a en lui; il peut manipuler une vérité dont lui seul connaît le secret en disant expressément une contre-vérité, c'est-à-dire le mensonge. Dans le cas de ce récit, deux personnes sont au courant de cette manipulation: Rebecca et Jacob.

Le père doute un instant que celui qui vient à lui avec un mets fait en si peu de temps soit Esaü (v.20a). Comme Jacob est entrain de redouter que la vérité éclate au grand jour, il rassure son père en utilisant une fois de plus un mensonge: "*C'est que le Seigneur ton Dieu m'a donné bonne chance*" (v.20b).
Cette manière de répliquer fait dissiper tout doute car Jacob parle du Dieu d'Isaac. Jacob vient de faire un parjure au nom du Dieu de l'Alliance. Mais pour se convaincre de ce qu'il redoute, Isaac veut aller plus loin; il demande de palper son fils. Et la question est toujours là: "*Es-tu bien mon fils Esaü*"?
Ayant reçu toutes les assurances de la mère chérie, Jacob veut aller jusqu'au bout. Le père, quant à lui, entend bien la voix qui n'est pas du tout celle d'Esaü. Seulement, il se laisse convaincre par le toucher et finit par bénir celui qu'il n'avait pas prévu de bénir. Ceci constitue une grande leçon car il s'agit des

conséquences de l'aveuglement. Et même sur le plan spirituel, ça fonctionne de cette manière. Lorsqu'on est un aveugle spirituel, on est pratiquement condamné à commettre des fautes dont les conséquences risquent de compromettre sa propre vie. L'auteur insiste sur l'embarras d'Isaac. Il veut s'assurer qu'il ne risque pas de bénir Jacob à la place du fils préféré, Esaü. Il pose la même question trois fois: "Es-tu bien mon fils Esaü?" (v.24, cf. v.21 et 22). Mais Jacob persiste et signe: "*C'est bien moi*" (ou: *"Je le suis"*, אֲנִי '**anî,** v.24b). Tous les ingrédients sont réunis pour accorder la bénédiction: - les mains d'Esaü; - le délicieux repas; - l'odeur des vêtements d'Esaü.

Les termes par lesquels Isaac bénit son fils vont dans la lignée de l'Alliance d'Abraham (v.27b-29): - Jacob est béni dans son travail (v.28); - Des peuples lointains le serviront, et même ses frères et sœurs lui seront assujettis (v.29a); - Quiconque maudira le béni de Dieu sera lui-même maudit, et quiconque le bénira sera béni (v.29b)[234]. Après avoir joué son coup, Jacob se retire de la face de son père quand apparaît son frère jumeau. Ne sachant pas la supercherie de sa mère et de son frère, Esaü fait un repas avec le gibier qu'il venait de chasser. Il se présente devant son père, mais celui-ci venait de bénir le premier venu malgré sa bonne volonté. Quelque chose qui dépasse Isaac venait de se produire. La bénédiction volée à Esaü est consécutive à son propre rejet de son droit d'aînesse. Esaü ne devra se contenter désormais que des miettes. Le père a déjà béni et il n'est plus question de refaire ce geste; sa bénédiction est à la fois définitive et irrévocable: "*Je l'ai béni, et il restera béni*" (v.33b). Il est normal qu'en pareilles circonstances Esaü en arrive à verser des larmes, mais c'est trop tard. Ayant compris la mauvaise manœuvre de son frère, il conçoit de l'amertume et beaucoup de haine vis-à-vis de lui. Il n'a pas oublié le premier épisode, lorsqu'il avait cédé son droit d'aînesse (cf. v.36). D'ailleurs, on le sait, le nom de *Ya'akov* signifie "celui qui supplante". C'est dire qu'une fois de plus Esaü est supplanté par son frère cadet, et il le redoute (v.36).

Malgré tout, il réclame un dernier effort de son père pour qu'il le bénisse avec ce qu'il peut encore avoir comme bénédiction (v.36b). Mais la bénédiction accordée ne peut plus être récupérée pour être donnée à quelqu'un d'autre. Isaac explique à son fils ce qui venait de lui arriver; en même temps, il lui signifie qu'il sera assujetti à son frère cadet. Et la "bénédiction" qu'il lui accorde suite à son insistance ne changera rien dans le fond. Esaü, l'ancêtre des Edomites, restera un "supplanté". Son père le lui annonce en termes à peine voilés: "*Tu vivras de*

---

[234] Ceci fait penser à l'Alliance de Dieu avec Abraham (12,2-3; 18,18; 22,18) et avec Isaac (26,4).

ton épée, et tu seras asservi à ton frère; mais en errant librement ça et là, tu briseras son joug de dessus ton cou" (v.40, L. Segond; cf. 2 R 8,20-22).

Bref, nous sommes en présence d'une famille foncièrement divisée suite aux intérêts divergents des parents et leur favoritisme très prononcé. Esaü ne semble pas avoir bien joué son rôle de responsable de la famille. Il ne se réfère pas à son Dieu lorsqu'il s'agit de prendre des décisions importantes. Son attitude est à la base de ce conflit qui va d'ailleurs se poursuivre dans la suite du récit.

27.3. La vengeance d'Esaü

Dès le v.41, on voit Esaü concevoir une grande haine contre Jacob; il lui en veut à mort. Généralement, il n'est pas facile de s'attaquer à plus fort que soi. Esaü pouvait bien s'en prendre aussi à sa mère qui est présentée ici comme l'instigatrice de tout ce qui vient de se produire. Il veut cependant trouver le moment favorable pour commettre son forfait (v.41b: *"Les jours du deuil de mon père vont approcher, et je tuerai Jacob, mon frère"*, L. Segond)[235].

Le narrateur insiste sur la notion de fratrie, comme pour dire que les relations fraternelles méritent d'être préservées malgré la trahison. De même, on voit Rebecca désigner Jacob par "mon fils" (v.43). Et parlant à ce dernier, lorsqu'elle lui demande de fuir vers Harrân, elle utilise l'expression "ton frère" (v.42b, 44-45). Les liens familiaux sont bien exprimés dans ce récit. Rebecca craint de perdre ses deux fils à la fois, car si jamais Esaü arrivait à tuer Jacob, il serait

---

[235] Dans les seize premiers versets de son livre, Abdias annonce aux Édomites les châtiments que l'Éternel va faire fondre sur eux, à cause de leur orgueil — « *L'arrogance de ton cœur t'a séduit, toi qui demeures dans les creux du rocher, ta haute habitation ; [toi] qui dis dans ton cœur : Qui me fera descendre par terre ?* » (v.3) — et à cause de leur jalousie et de leur haine contre leurs frères, les enfants de Jacob. Cette expression « *leurs frères* » doit nous faire comprendre que ces deux peuples avaient la même origine. En effet, tous les deux étaient issus d'Isaac ; et les Édomites, ou Iduméens, sont les descendants d'Ésaü, frère de Jacob. Ésaü est aussi appelé du nom d'Édom (qui veut dire roux) à cause, peut être, de la couleur du potage qu'il convoita et pour lequel il vendit son droit d'aînesse. Gen 27 décrit comment la bénédiction et toutes les promesses qui s'y rattachaient sont plutôt allées vers Jacob (quoique le plus jeune) plutôt que vers Ésaü. Ce fut là le motif de la haine invétérée d'Ésaü et de ses descendants à l'égard d'Israël, et ils montrèrent cette haine dans toutes les occasions ; Ésaü d'abord, en menaçant son frère Jacob (Gen. 27:41) ; puis les Édomites qui furent souvent en guerre avec les rois de Juda, ainsi que cela est fréquemment rapporté dans le livre des Rois et des Chroniques. Et cette inimitié se manifesta surtout lors du siège de Jérusalem par Nébucadnetsar (cf Abd v.11-14).

obligé d'aller habiter ailleurs, c'est-à-dire loin de sa face. Et cela ressemblerait à la mort de tous les deux fils (cf. v.45).

Le récit se termine par le souci de Rebecca qui ne veut pas voir Jacob épouser une femme parmi les filles cananéennes. Elle ne se préoccupe pas d'Esaü. Ce dernier joue plutôt le rôle d'un fils perdu, car par son attitude il est entrain de l'éloigner de l'Alliance d'Abraham. Cette section introduit également le chapitre 28 où il est question du voyage de Jacob à Harrân, chez son oncle Laban.

Chapitre 28
ISAAC CONTRAINT DE S'INSCRIRE
DANS LE PLAN DE DIEU

Isaac, qui n'a pu réaliser son projet pour son fils préféré, est obligé de s'inscrire dans le plan de Dieu. Jacob deviendra, comme annoncé dans les paroles de bénédiction, l'héritier des promesses faites à Abraham et renouvelées à Isaac. Ce dernier a compris qu'il devra désormais compter avec Jacob et accepter ce qui était arrivé comme étant la volonté de Dieu. *"Rebecca se garde bien d'y faire la moindre allusion, et sachant combien Isaac avait souffert du double mariage païen d'Esaü, elle se borne fort habilement à donner à entendre que Jacob devrait faire un mariage plus digne d'un héritier d'Abraham, sans toutefois mentionner sa propre famille, tant elle est sûre qu'Isaac entrera pleinement dans sa manière de voir"*[236].

28.1. Soucis d'Isaac et de Rebecca

Le récit parle donc de la préoccupation de Rebecca qui semble prendre de l'avance sur son vieil époux, devenu aveugle. Or, si l'on s'inscrit dans le contexte de cette histoire, il s'agit bien d'organiser la fuite de Jacob[237]. Le récit parle une fois de plus de la bénédiction de Jacob avant son départ pour Harrân. Mais le plus important c'est l'interdiction pour l'héritier des promesses d'épouser une femme cananéenne. Il lui faudra plutôt prendre une fille de son oncle Laban.

---

[236] CH. ROCHEDIEU, *op. cit.*, p. 67.
[237] D'après les études critiques du Pentateuque en général, et de la Genèse en particulier, deux traditions sont ici présentées l'une à côté de l'autre. La première, appelée "Sacerdotale" (26,34-35) parle du besoin pour Jacob de ne pas épouser une femme étrangère. Quant à la seconde tradition, celle dite "Yahviste", elle insiste plutôt sur la colère d'Esaü qui fait fuir Jacob. Mais il est question dans tous les cas du séjour de Jacob en Harrân.

A cette époque, les cousins pouvaient bien se marier pour ne pas disperser la famille héritière de l'Alliance abrahamique (cf. v. 1-2).

Après toutes ces instructions, Isaac bénit son fils au nom du Dieu Tout Puissant pour lui souhaiter un bon voyage. Cette formule de bénédiction tient sans doute compte de l'Alliance car Jacob est présenté ici comme celui par qui Dieu va accomplir ses promesses faites à Abraham (v.3-4). Même à contre cœur, Isaac s'incline devant ce qui est présenté comme le plan de Dieu. On comprend dès lors pourquoi Isaac n'utilise pas l'une des formules consacrées de cette bénédiction comme le fera le Seigneur lui-même lors de sa rencontre avec Jacob, cf. v.14: *"Ta descendance sera pareille à la poussière de la terre... En toi et en ta descendance seront bénies toutes les familles de la terre"*[238]. Un parent qui bénit son enfant avant même de voir la femme à épouser fait une projection de ce que devra être la famille idéale, celle qui est selon la volonté de Dieu. Isaac est entrain de se rattraper, car il a failli gâcher la vie de sa famille à cause de sa préférence pour Esaü. Le plan de Dieu peut toujours s'accomplir contre la volonté et la préférence de l'homme.

Alors que Jacob est en route pour Harrân, Esaü tient à démontrer qu'il a aussi bien compris le message donné à son frère. Il veut lui aussi entrer dans le plan de bénédiction par ses propres efforts. Ainsi, il prend la résolution d'épouser une fille d'Ismaël car ce dernier est aussi descendant d'Abraham. Mais la question se pose de savoir s'il est possible d'entrer dans le plan de Dieu par la petite porte, ou même par la fenêtre. C'est en fait un défi lancé à l'endroit de Rebecca qu'Esaü rend responsable de sa malédiction. Malheureusement pour lui, la bénédiction est déjà accordée à Jacob et il n'y peut rien. D'ailleurs, les deux premières femmes d'Esaü sont Cananéennes (26,34). Prendre des décisions sans vraiment se référer au Seigneur ni même aux parents constitue une révolte. Comme de nombreuses personnes de nos jours font seulement confiance à leur propre conscience, sans référence ni à Dieu, ni à qui que ce soit! Le résultat ne peut qu'être un échec.

---

[238] Les mêmes bénédictions étaient accordées à Abraham (ch. 12, 13 et 15) et à Isaac (ch. 26), supra. Même si l'homme peut oublier, Dieu reste à jamais fidèle à son Alliance. C'est ce qui le différencie de l'être humain.

28.2. Le songe de Jacob

Quand on fait un voyage qui est selon la volonté de Dieu, on ne peut qu'être béni. Telle est la réalité qui se dégage de la rencontre de Jacob avec un être céleste. L'héritier d'Isaac et de Rebecca semble dépassé par les événements. En route vers la maison de son oncle, Jacob va passer la nuit dans un lieu non précisé. Mais ce qui est drôle, c'est le fait de poser sa tête sur des pierres sachant même que les pierres doivent être très dures. Faut-il penser à la fatigue ou au stress dû au voyage? Durant cette nuit quelque peu agitée, il a un étrange songe. L'échelle qu'il voit fait le pont entre le ciel et la terre[239]. C'est sans doute une confirmation de l'Alliance faite avec Abraham.

Jacob ne semble pas avoir eu une telle expérience car sa vie est jalonnée de conflits. Ici l'échelle a son appui sur la terre, mais son sommet touche le ciel. Le lien est bien établi, car c'est l'homme qui, au niveau de la religion, fait un effort pour atteindre Dieu. D'autre part, les anges de Dieu font des navettes entre la terre et le ciel. Il s'agit d'êtres célestes qui veillent sur les humains. Voilà pourquoi ils partent de la terre vers le ciel. Ils vont faire leurs rapports à Dieu[240]. Jacob est réconforté par des paroles rassurantes du Seigneur qui lui apparaît pour réaffirmer son Alliance conclue avec Abraham et Isaac, c'est-à-dire un pacte fait avec son grand-père et avec son père. Il est également impliqué dans cette Alliance car les mêmes promesses lui sont faites (v.13-14, cf. chapitres 12, 13 et 26). Dieu le rassure par ces mots d'encouragement: "*Vois, je suis avec toi et je te garderai partout où tu iras et je te ferai revenir vers cette terre car je ne t'abandonnerai pas jusqu'à ce que j'aie accompli tout ce que je t'ai dit*" (v.15). Jacob s'éveille et se rend compte que quelque chose venait de se passer dans ce lieu. Il confesse le Dieu de ses parents. Il a compris que Dieu lui-même l'accompagnait même s'il ne s'en rendait pas compte. Ceci est souvent l'attitude des humains; ils voient Dieu à l'œuvre simplement quand il y a une visitation spéciale. Beaucoup cherchent même des preuves pour croire. Ici Jacob est transformé, et dans son angoisse il se rend compte que ce lieu est redoutable, car c'est là que Dieu s'est manifesté à lui. C'est que le ciel s'est approché de la terre. Ainsi, « la rampe et les anges en mouvement ne sont donc que des attributs de la théophanie de El, et la théophanie elle-même – (…) – a sa pointe dans la promesse.

---

[239] Cette échelle a été interprétée de diverses manières. Mais pour une lecture christocentrique du récit, il y a lieu de penser à la croix de Christ qui fait justement le pont entre Dieu et l'humanité.
[240] Ps 34,8 dit que l'ange du Seigneur campe autour de ceux qui le craignent pour les délivrer de tous dangers.

En d'autres termes, il nous semble que si le (premier) narrateur de Gen 28 a donné à son récit tant d'éclat et tant de majesté, s'il a parlé du *bét elohîm* et de la « porte des cieux », ce n'était pas d'abord pour disserter sur la place de Béthel dans la cosmologie sacrée, mais c'était surtout pour donner la plus grande solennité possible à la promesse accordée par El à Jacob »[241].

Jacob entrevoit déjà son entrée au ciel, car il a vu des êtres célestes et surtout Dieu en personne. On ne peut voir Dieu et demeurer le même. Jacob vient de faire une expérience qui va déterminer le reste de son existence. Et en souvenir de cet événement hors du commun, il dresse une stèle avec une de ces pierres qui lui ont servi d'oreiller. Cette pratique était courante à travers l'ancien Proche-Orient. Seulement, pour Jacob ce geste a une grande portée théologique car il magnifie la protection de Dieu. Il est de plus en plus rassuré.

Pour mieux exprimer cette relation, il n'hésite pas de nommer cet endroit Béthel (**Beth-'El,** Maison de Dieu)[242], en remplacement de la ville de Louz. C'est pour lui la meilleure façon d'honorer son Dieu. La stèle sera témoin de la fidélité de Dieu envers Jacob. C'est dans ce sens qu'il fait un vœu à son Dieu. Il lui suffisait pourtant de croire à ce qui lui était dit dans le songe. En fait, Dieu avait promis à Jacob une protection sans faille (cf. v.15). Fallait-il encore se demander si Dieu était capable d'accomplir sa promesse? Jacob veut avoir plus d'assurance au sujet de cette protection. Et le plus important, c'est de dire que si tout est fait comme il le souhaite, alors le Seigneur deviendrait son Dieu. Enfin, ce récit se termine par une promesse faite par Jacob à Dieu: la dîme, donc le un dixième de ses avoirs. C'est un signe de reconnaissance envers Dieu. Une vraie dîme devra avoir le caractère d'une offrande et d'un don de soi.

Quand on a été objet d'une grâce particulière, il est tout à fait normal qu'on offre à Dieu ce qui lui est dû, surtout s'offrir soi-même comme un vrai sacrifice. C'est de cette manière qu'il convient d'honorer Dieu.

---

[241] A. de PURY, *Promesse divine et légende cultuelle dans le cycle de Jacob : Genèse 28 et les traditions patriarcales*, Tome I, Paris, Gabalda, 1975, p. 432-433.
[242] Béthel est devenu un des sanctuaires les plus en vue en Israël (cf. 12,8). C'était un grand centre religieux surtout à l'époque de la monarchie (1 R 12,28-33; 2 R 2,2; Am 4,5; Am 7,13).

CONCLUSION

La relecture du livre de la Genèse nous rappelle la condition de l'être humain créé à l'image de Dieu et selon sa ressemblance. Il y est question de Dieu en tant qu'Auteur de la vie sur terre, mais aussi de l'homme comme gestionnaire de la création. La relation est ainsi établie entre le ciel et la terre, entre le divin et l'humain. Mais l'initiative d'une telle relation vient du Dieu Créateur. Il a créé tout ce qui existe certes, mais la création de l'humain diffère de celle des autres créatures. C'est d'ailleurs ce qui fait dire au psalmiste qui s'émerveille devant l'œuvre divine : « *Je te loue, ô Dieu, de ce que je suis une créature si merveilleuse* » (Ps 139,   ). Telle aurait dû être le rôle de l'humain : Adorer son Seigneur et son Dieu tous les jours de sa vie.

Cependant, la désobéissance des ancêtres humains à l'ordre de leur Dieu a amené la confusion, la séparation d'avec la source de toute vie. Et le texte insiste sur la gravité du péché ; il ne le contourne pas. Les premiers enfants nés sous la malédiction représentent successivement la nature de la chair (Caïn) et l'innocence (Abel). Le premier meurtre souligné par la Bible s'est donc passé au sein d'une même famille, le frère aîné tue son jeune frère. Et Dieu interpelle le meurtrier par cette question : « *Où est Abel, ton frère ?* ». L'insistance sur la notion de fratrie est très marquée. Les hommes naissent pour vivre en frères (et sœurs), pour rendre la vie harmonieuse, pour retourner vers le Créateur par la louange et l'adoration. Malheureusement l'homme est devenu un loup pour son semblable. Et en conséquence, il s'est compliqué la vie là où Dieu voulait le maintenir dans une relation de confiance et de foi.

On le voit surtout au travers du comportement de l'homme. Au temps de Noé (Noaḥ) par exemple, il est dit que la méchanceté de l'homme sur la terre a pu attrister le Dieu Créateur. Et la décision du Seigneur d'effacer tout ce qu'il a créé est sans équivoque. Mais pour perpétuer la gent humaine Dieu sauve huit personnes de la famille de Noé au travers du déluge des eaux. Ce sont eux qui vont peupler la terre après cette catastrophe. Et ce qui est intéressant à faire remarquer, c'est la grâce de Dieu qui sauve même les animaux. Plus loin il a été question de l'orgueil humain mis en exergue.
L'érection d'une tour (tour de Babel) démontre justement l'orgueil de l'homme qui, par ses propres efforts, cherche à atteindre Dieu comme dans la religion. Nous avons vu comment Dieu a, une fois de plus, interpellé l'homme en détruisant tout ce plan destiné à le concurrencer.

La suite du récit du livre de la Genèse a démontré que l'homme pécheur ne peut jamais satisfaire son Dieu. A l'époque de Noé le verdict divin sur l'humain était ainsi libellé : « Il n'est que chair (*basar*) ». Et c'est justement l'histoire humaine, toujours interpellé par le Dieu Créateur, qui jalonne l'ensemble de ce livre du commencement.

Si les 11 premiers chapitres sont préhistoriques, c'est à partir du chapitre 12 que l'homme entre véritablement en action. Son histoire remonte au temps d'Abraham qui, le premier, fut appelé par Dieu à tout quitter pour aller vers l'inconnu. Le Patriarche est considéré comme un modèle de foi et d'obéissance. Pourtant, il n'est pas exempt de fautes naturelles des fils d'Adam : Mensonge, irritation, méchanceté... Mais ce qui fait la différence d'avec un autre humain, c'est son attachement aux promesses divines dont il attend avec impatience la réalisation. Et Dieu l'agrée tant qu'il ne s'est pas détourné de ses voies ni de l'espérance liée à son appel.

Quant aux descendants du Patriarche (Ismaël et Isaac), leurs destinées les sépareront. Le premier grandira en Egypte, pays d'origine d'Agar, sa mère. Il deviendra une grande nation étant l'ancêtre des Arabes. Quant à Isaac, il va entrer dans l'Alliance de Dieu par le biais de son père. Il épouse Rebecca de laquelle naîtront Esaü et Jacob. Et ces derniers également vont être séparés par leurs destinées respectives. Esaü, ancêtre des Edomites, devient un ennemi juré de son frère par sa faute. Il avait vendu son droit d'aînesse pour un plat de lentilles. Malgré la réconciliation d'avec son frère Jacob (chap.33), les deux frères deviendront deux peuples ennemis.

BIBLIOGRAPHIE
Ouvrages généraux

ALEXANDER, J.-H., *La Genèse : De l'univers et de la foi* (La Maison de la Bible), Paris, 1994.

AMSLER, S., *Le secret de nos origines : Etrange actualité de Genèse 1-11*, Aubonne, Ed. du Moulin, 1993.

BEAUCHAMP, P., *Création et séparation : Etudes exégétique du chapitre premier de la Genèse*, (Lectio Divina), Paris, Cerf, 2005.

BANON, D., *Le bruissement du tete. Notes sur les lectures hebdomadaires du Pentateuque*, Genève, Labor & Fides, 1993.

BERTHOUD, P. & WELLS, P., *Texte et historicité : Récit biblique et histoire*, Charols & Aix-en-Provence, Ed. Kerygma, 2006.

BOST, H., Babel. *Du texte au symbole*, Genève, Labor & Fides, 1985.

BRUEGGEMANN, W., *Genesis. Interpretation* – A Bible Commentary For Teaching And Preaching, Atlanta, John Knox Press, 1982.

BRYANT, H., *Au commencement...Dieu ?* (Comprendre les Écritures), Villeurbanne, Henry Bryant et Ed. CLE, 1996.

CALVEZ, H.-M., *Abraham*, Ed. du Paraclet, 2009.

CASTEL, Fr., *Commencements. Les 11 premiers chapitres de la* Genèse, Paris, Le Centurion, 1985.

CHARPENTIER, E., *Pour lire l'Ancien Testament*, Paris Cerf, 1983.

CHOURAQUI, A., *Entête (La Genèse)*, La Bible traduite et commentée, Ed. Jean-Claude Lattès, 1992.

CHOURAQUI, A., *Les hommes de la Bible*, Paris, Hachette, 1994.

Collectif, *Face à la création. La responsabilité de l'homme - Rencontre entre l'Est et l'Ouest* – (Une culture pour l'Europe), Paris, MAME Editions, 1996.

COLLIN, M., *Abraham* (Cahiers Évangile N° 56), Paris, Cerf, 2000.

COSTA, J., *La Bible racontée par le Midrash*, Paris, Bayard, 2004.

COUFFIGNAL, R., *La lutte avec l'ange : Récit de la Genèse et sa fortune littéraire*, Toulouse, Association des publications de l'université de Toulouse – Le Mirail, 1977.

COUTURIER, G., *Les Patriarches et l'histoire* (Lectio Divina), Paris – Québec, Cerf – Fides, 1998.

Chronology of The Book of Genesis, Texts From The King James Version, 1998.

CROSSLEY, G., *Survol de l'Ancien Testament, à la recherche de Christ et de son Eglise*, Vol. 1 : Genèse à Ruth, Europresse, 2004.

Da SILVA, A., *La symbolique des rêves et des vêtements dans l'histoire de Joseph et ses frères* (Héritage et Projet – 52), Québec, Fides, 1994.

DEFFINBOUGH, B. Th. M., *Genesis: From Paradise to Patriarchs* (Highlights in The History of Israel). Part I, Biblical Studies Press, 1997.

DE PURY, A., *Promesse divine et légende cultuelle dans le cycle de Jacob*, Tome 1, Paris, Gabalda, 1975.

De VAUX, R., *Histoire ancienne d'Israël : Des origines à l'installation en Canaan* (études bibliques), Paris, J. Gabalda et Cie, Editeurs, 1971.

DEYMIÉ, B, *Initiation à la Bible*, Paris, Ellipses Editions, 1999.

DUMMELOW, J.-R., *A Commentary on The Holy Bible*, New York, The Macmillan Company, 1966.

DUTHU, H., *Relisez la Genèse : Les origines du monde et de l'humanité*, Montsûrs, Résiac, 2002.

EMMANUEL, *Pour commenter la Genèse*, Paris, Payot, 1971.

EVESON, Ph., *La Genèse – Le livre des origines*, Europresse, 2007.

FEILER, B., *Abraham : Voyage aux sources de la foi*, Paris, Presses de la Renaissance, 2006.

GOUFFIGNAL, R., *La lutte avec l'ange. Le récit de la Genèse et sa fortune littéraire* (Bible et littérature), Publications de l'université de Toulouse – le Mirail, Série A, Tome 36, 1977.

GRUCHET, N., *La Bible. Histoire de l'Ancien et du Nouveau Testament* (avec les dessins de J. DORE), Paris, Ed. de la Fontaine au Roi, 1988.

HALTER, M., *SARAH : La Bible au féminin* (Roman), Paris, R. Laffont, 2003.

HAM, Ken ; SARFATI, J. et all, *Nos origines en question : La logique de la création*, AiG/CLV/CBE/Au commencement, Chantraine, 2004.

JACOB, E., *L'Ancien Testament*, PUF, 1967.

JANCOVICI, J.-M., *L'avenir climatique : Quel temps ferons-nous ?* Paris, Seuil, 2002.

JANZEN, J.-G., *Genesis 12-50. Abraham and All the Families of the Earth* (International Theological Commentary), Edinburgh, Wm. B. Eerdmans Publishing Co, 1993.

KUEN, A., *Le labyrinthe des origines*, Saint Légier, Emmaüs, 2005.

LEFEBVRE, J-F., *Un mémorial de la création et de la rédemption : Le jubilé biblique en Lv 25*, Bruxelles, Lumen Vitae, 2001.

Le Pentateuque, Cahiers Evangile N° 106, Paris, Cerf, 1998.

Le Pentateuque : Débats et recherches, sous la direction de P. HANDEBERT (Lectio Divina N° 151), Paris, Cerf, 1992.

LODS, A., *Israël. Des origines au milieu du VIIIè. siècle* (L'évolution de l'humanité. Synthèse collective dirigée par Henri BERR), Paris, Albin Michel, 1949.

MACCHI, J.-D. et RÖMER, Th. *JACOB - Commentaire à plusieurs voix de Gn 25 – 36*, Mélanges offerts à A. de Pury, (Le Monde de la Bible, 44), Genève, Labor & Fides, 2001.

MACKINTOSH, C.H., *Notes sur le livre de la Genèse*, Bienne (Suisse), Editions Bibles et littérature chrétienne, 2000.

MAHAN, H., *L'Ancien Testament parle de Christ : De la Genèse à Job*, Europresse, 1993.

MARCHADOUR, A., *Genèse* (Commentaires), Paris, Bayard, 1999.

Matthew Henry's Commentary on The Whole Bible, Completed and Unabridged in One Volume, Hendrickson Publishers, 1991.

PIROT, L. & CLAMER, A., *La Sainte Bible : Texte latin et traduction française d'après les textes originaux, avec un commentaire exégétique et théologique*, Paris, Letouzey et Ané, Ed., 1953.

RENDTORFF, R., *Introduction à l'Ancien Testament*, Paris, Cerf, 1989.

ROCHEDIEU, CH., *Les trésors de la Genèse (Commentaire pratique)*, Saint Légier, Emmaüs, 1987.

ROSE, M., *Une herméneutique de l'Ancien Testament*, Comprendre – Se comprendre – Faire comprendre (Le Monde de la Bible), Genève, Labor & Fides, 2003.

The Anchor Bible, *Genesis: Introduction, Translation, And Notes,* BY E.A.SPEISSER, 3d Edition, Doubleday & Company, Inc., 1979.

TORREY, R.A., *Ce que la Bible enseigne*, Deerfield (Floride), VIDA / AGMV, 2004.

TRINTIGNAC, A., *Une histoire sainte : Monter à Jérusalem*, Paris, Cerf, 1997.

VON RAD, G., *Genesis : A Commentary*, Translated by John H. MARKS, Second Edition revised, London, SCM Press, 1966.

WENIN, A., *Cours d'Exégèse de l'Ancien Testament* (inédit), FIBI 21, UCL, 2000-2001.

WENIN, A., *Actualité des mythes : Relire les récits mythiques de Genèse 1 – 11*, COFOC, Edition revue, 2003.

WENIN, A., *L'histoire de Joseph (Genèse 37 – 50)*, <u>Cahier Evangile</u> N° 130, 2004.

WENIN, A., *Studies in the Book of Genesis. Literature, Redaction and History*, Leuven, Leuven University, 2001.

WESTERMANN, C., *Genesis: A Practical Commentary*, Michigan, Wm B. Eerdmans Publishing, 1987.
WESTERMANN, C., *Théologie de l'Ancien Testament*, Genève, Labor & Fides, 1985.
WESTERMANN, C., *Dieu dans l'Ancien Testament,* Paris, Cerf, 1982.
WHITE, H.-C., *Narration and Discourse in the Book of Genesis,* Cambridge University Press, 1991.
WOOLY, L., *Abraham. Découvertes récentes sur les origines des Hébreux* (Traduit de l'Anglais par A. et H. COLLIN DELAVAUD), Paris, Payot, 1949.
ZIMMERLI, W., *Esquisse d'une Théologie de l'Ancien Testament*, Genève – Paris / Fides – Cerf, 1990.

POSTFACE

C'est avec une grande joie que j'ai lu ce livre et je remercie mon ami et collègue, le Docteur Pasteur Siméon MATENDO KUBULANA pour cet ouvrage si magnifique. Un livre accessible à tout le monde, néanmoins d'une grande valeur historique et scientifique.

Le livre du « commencement », avec la création de tout ce qui existe, le libre choix de pécher avec comme conséquence le devoir de quitter le jardin d'Eden, l'endroit privilégié d'être dans la présence de Dieu avec Sa protection. Maintenant l'être humain devra prendre soin de lui-même et gérer la création et le monde.
- La construction de la tour « d'orgueil », érigée à Babel pour atteindre le ciel, la demeure de Dieu, avec comme résultat la dispersion, le début des langues et des races humaines. La démonstration que, dès que l'homme pense pouvoir faire quelque chose de par lui-même, son orgueil le pousse à l'extrême jusqu'a vouloir prendre la place de son Créateur, fait qui se répète continuellement dans notre monde contemporain.
- L'histoire de l'homme dans tout son contexte, attributs, avec le contraste des choix de la vie, qui ne sont pas évidents et qui donnent la direction d'ensemble avec la destination finale. Le choix de la marche de par soi-même ou la marche main dans la main avec le Créateur.
- L'acte de foi d'Abram qui quitte tout, parce que Dieu le lui demande, ainsi que toutes les promesses concrètes de Dieu envers toute l'humanité.

Ce livre nous conduit au cœur de toute l'histoire d'Abram avec ses moments forts et ses moments faibles. Abram qui aide Lot dans la situation de Sodome et Gomorrhe, mais qui par contre accepte de passer par sa servante pour aider Dieu dans Sa promesse, parce qu'il considérait que Celui-ci l'avait oublié. Phénomène que nous rencontrons souvent auprès des enfants de Dieu. S'il ne nous répond pas aujourd'hui sur notre demande d'hier ou s'il ne nous répond pas comme nous l'aurions voulu, alors nous en concluons qu'Il nous à oubliés. Situation qui pousse l'être humain à agir de par lui-même avec comme résultat de cette désobéissance et de manque de confiance, des conflits sans cesse jusqu'à ce jour.

Le Créateur qui se repose après la cessation de son œuvre et qui bénit ce jour du Shabbat, fait indéniable qui demeure important jusqu'au retour du Messie et donc pour nous tous. La mise à part du jour du Seigneur pour se reposer, Le bénir et être béni.

Quand l'homme choisit de ne pas écouter Dieu, alors il retombe dans la vie pécheresse avec comme résultat le premier meurtre sans même vraiment avoir une raison. Chers lecteurs, ceci est encore toujours vrai au jour d'aujourd'hui, un monde qui tue sans raison.
- Le rôle de Noé en tant que modèle d'obéissance n'est pas négligeable dans la possibilité que Dieu offre à l'homme d'être sauvé ou non. Ce privilège subsistera jusqu'au retour du Seigneur et clôturera le temps de la grâce.

- Le favoritisme de Jacob envers Joseph qui mène ce dernier d'un malheur à l'autre pour enfin se terminer par le chemin de l'esclavage en Egypte avec pour seul but de ramener l'unité dans la famille et sauver des peuples. Les principes pour nous de bien gérer nos familles, mais aussi la certitude que Dieu est au contrôle. Il n'est jamais dépassé par les événements.
- La culpabilité des frères qui haïssaient Joseph jusqu'à le vendre aux marchands arabes est métamorphosée par Dieu. Il avait pris soin de Joseph mais en le faisant passer au travers des chemins difficiles dans le but de sauver la famille de son père en temps de grande crise. Le jeune Joseph, qui s'était souvent demandé pourquoi tout ceci devait lui arriver, peut calmer et réconforter ses frères par l'assurance personnelle que c'était son Dieu qui l'avait conduit en Egypte pour le salut de tous. Dieu veut et peut donner l'assurance de notre salut dans nos vies, malgré toutes les circonstances.

Cet émouvant récit met en évidence la prescience de Dieu dans toute l'histoire de Joseph car, malgré son jeune âge, c'est lui qui va sauver toute sa famille d'une mort certaine. Mon collègue et ami a bien fait transpirer tous ces détails importants, détails qui composent les questions de la vie, la réalité des choses et qui font ressortir d'une manière spéciale que la Bible est un livre divin et que la Genèse, livre du « début » ou « du commencement » est la base pour toute l'humanité. De tout cœur je remercie mon collègue pour ce livre dont je recommande la lecture à tous et à toutes.

Pasteur Samuel VERHAEGHE
Président de l'Union des Baptistes en Belgique / UBB

Oui, je veux morebooks!

i want morebooks!

Buy your books fast and straightforward online - at one of world's fastest growing online book stores! Environmentally sound due to Print-on-Demand technologies.

Buy your books online at
www.get-morebooks.com

Achetez vos livres en ligne, vite et bien, sur l'une des librairies en ligne les plus performantes au monde!
En protégeant nos ressources et notre environnement grâce à l'impression à la demande.

La librairie en ligne pour acheter plus vite
www.morebooks.fr

VDM Verlagsservicegesellschaft mbH
Heinrich-Böcking-Str. 6-8   Telefon: +49 681 3720 174   info@vdm-vsg.de
D - 66121 Saarbrücken   Telefax: +49 681 3720 1749 www.vdm-vsg.de

www.ingramcontent.com/pod-product-compliance
Lightning Source LLC
Chambersburg PA
CBHW032005220426
43664CB00005B/148